Manual do
bar

OBRA ATUALIZADA CONFORME
O **NOVO ACORDO ORTOGRÁFICO**
DA LÍNGUA PORTUGUESA.

Dados Internacionais de Catalogação na Publicação (CIP)
(Câmara Brasileira do Livro, SP, Brasil)

Pacheco, Aristides de Oliveira
    Manual do bar / Aristides de Oliveira Pacheco. – 7ª ed.
– São Paulo : Editora Senac São Paulo, 2010.

ISBN 978-85-7359-665-6

1. Barman 2. Restaurantes, bares, etc. I. Título.

96-1012   CDD-641.874

Índices para catálogo sistemático:

    1. Bar : Manuais   641.874
    2. Barman : Manuais   641.874

Manual do bar

Aristides de Oliveira Pacheco

7ª edição

Editora Senac São Paulo – São Paulo – 2010

ADMINISTRAÇÃO REGIONAL DO SENAC NO ESTADO DE SÃO PAULO
Presidente do Conselho Regional: Abram Szajman
Diretor do Departamento Regional: Luiz Francisco de A. Salgado
Superintendente Universitário e de Desenvolvimento: Luiz Carlos Dourado

EDITORA SENAC SÃO PAULO
Conselho Editorial: Luiz Francisco de A. Salgado
Luiz Carlos Dourado
Darcio Sayad Maia
Lucila Mara Sbrana Sciotti
Jeane Passos de Souza

Gerente/Publisher: Jeane Passos de Souza (jpassos@sp.senac.br)
Coordenação Editorial/Prospecção: Luís Américo Tousi Botelho (luis.tbotelho@sp.senac.br)
Márcia Cavalheiro Rodrigues de Almeida (mcavalhe@sp.senac.br)
Administrativo: João Almeida Santos (joao.santos@sp.senac.br)
Comercial: Marcos Telmo da Costa (mtcosta@sp.senac.br)

Revisão de Texto: Edna Viana, Ivone P. B. Groenitz, Leticia Castello Branco
Projeto Gráfico e Editoração Eletrônica: Fabiana Fernandes
Ilustração: Dover Deskgallery, Mega-Bundle
Capa: Sidney Itto
Impressão e Acabamento: Gráfica CS Eireli

Todos os direitos desta edição reservados à
Editora Senac São Paulo
Rua 24 de Maio, 208 – 3º andar – Centro – CEP 01041-000
Caixa Postal 1120 – CEP 01032-970 – São Paulo – SP
Tel. (11) 2187-4450 – Fax (11) 2187-4486
E-mail: editora@sp.senac.br
Home page: http://www.livrariasenac.com.br

© Aristides de Oliveira Pacheco, 1996

Sumário

Nota do editor 7
Apresentação 9
Funções e conhecimentos do *barman*, cargos e tarefas 11
O bar 23
As bebidas alcoólicas 45
Os *cocktails* – receituário internacional 97
Batidas de aguardente de cana/cachaça 193
Índice de bebidas 209
Índice de *cocktails* e batidas 213
Referências bibliográficas 223
Índice geral 225

Nota do editor

De Aristides de Oliveira Pacheco importa dizer que já chegou a uma condição de raro destaque profissional em sua especialidade. Enófilo com complementação de estudos em Alimentos & Bebidas efetuada na Suíça, ele soube transformar seu dom de *gourmet* em bem informado conhecimento, para o qual é indispensável o contato com a cultura e a tradição gastronômica de diversos povos ou países.

São também do autor os títulos: *Manual do maître d'hôtel*, *Manual de organização de banquetes*, *Manual de serviço do garçom*, *Iniciação à enologia* e *Vinhos & uvas*, este em coautoria com Siwla Helena Silva, todos de leitura ou consulta obrigatória para profissionais e estudantes da área.

Neste livro há indicações das funções do *barman* e dos conhecimentos que deve ter; uma síntese histórica do bar; o rol de seus equipamentos, o indispensável para o profissional ter à mão. Além de referências a bebidas alcoólicas e um receituário de *cocktails* e batidas de aguardente de cana.

Apresentação

Os *barmen*, os apreciadores da arte do bar e dos *cocktails*, profissionais ou amadores e os estudantes de Turismo, Hotelaria e Gastronomia têm agora em mãos um livro que tem tudo para ocupar um lugar de destaque e alavancar seus estudos e conhecimentos. Esta obra abrange, de forma clara e organizada, desde as origens históricas do bar e dos *cocktails*, a grande variedade de fatos culturais dentro de cada garrafa até a conceituação do estabelecimento do bar como empresa prestadora de serviços, além de extenso receituário de *cocktails* e batidas de cachaça.

Este manual divide-se basicamente em cinco partes ou capítulos. O primeiro enfoca as principais funções do *barman* e os cargos e tarefas da brigada de bar.

O segundo traz as características e o histórico do bar, os diversos tipos de bares encontrados no mercado, os utensílios, os equipamentos, as vendas e os controles do bar.

O terceiro capítulo trata dos processos de fabricação das bebidas alcoólicas e de sua classificação, e apresenta uma descrição resumida das principais bebidas fermentadas, destiladas e compostas.

O quarto traz o histórico e a classificação dos *cocktails* e um amplo receituário dos *cocktails* clássicos internacionais mais conhecidos e utilizados nos bares de todo o mundo.

O quinto capítulo aborda um amplo receituário de batidas de aguardente de cana/cachaça, para divertimento dos interessados na arte do bar.

Funções e conhecimentos do *barman*, cargos e tarefas

A profissão do *barman* é de suma importância dentro do ramo de hotelaria, seja em hotéis, seja em restaurantes de médio ou grande porte, pois é dele a responsabilidade pelo sucesso ou insucesso do bar.

O bar e a venda de bebidas alcoólicas são fatores que podem contribuir muito para aumentar a lucratividade da empresa, visto que as bebidas alcoólicas de dose e os *cocktails* dão grande margem de lucro.

O *barman* tem em sua profissão a possibilidade de se relacionar com os mais diversos tipos de clientes, além de poder usufruir de boa rentabilidade financeira.

QUEM É O *BARMAN*

Quem faz o bar é o *barman*, costuma-se dizer. Com razão, pois é ele quem comanda toda a dinâmica de um bar: atende os clientes, prepara as bebidas solicitadas, serve-as no balcão e tem sob sua responsabilidade o treinamento e a supervisão da brigada de serviço, assim como a qualidade e a apresentação dos produtos oferecidos.

Entre as qualidades que o *barman* deve ter, estão as seguintes:

- ▶ apresentação pessoal impecável quanto a uniforme, cabelos, dentes, mãos e unhas;
- ▶ asseio e higiene absoluta, tanto pessoal quanto no trato com produtos, utensílios e locais de trabalho;
- ▶ inteligência, simpatia, educação, diplomacia, discrição e poder de comunicação na convivência com os clientes do bar;
- ▶ disposição, destreza e bom preparo físico para suportar extensas jornadas de trabalho;

- honestidade, fidelidade, sinceridade e seriedade;
- senso de organização, métodos, iniciativa e criatividade no desempenho das atividades do dia a dia;
- interesse pelo trabalho, pontualidade, profissionalismo e aprimoramento constante no conhecimento dos assuntos relacionados à sua profissão;
- bom nível de conhecimentos gerais, pois alguns clientes gostam de conversar sobre os mais diversos assuntos e é dever do *barman* corresponder;
- bom sentido gustativo para poder observar e distinguir as diferentes bebidas do bar.

PRINCIPAIS CONHECIMENTOS

- História do bar e do restaurante, abrangendo as principais etapas históricas, desde o nascimento, evolução e sua situação nos dias de hoje.
- História das bebidas alcoólicas: sua origem, evolução e fase atual.
- Organogramas do restaurante e bar, com a descrição dos cargos e tarefas dos setores relacionados com o seu departamento no sentido de situar o *barman* e sua brigada dentro da estrutura hierárquica organizacional da empresa. Isso é necessário para o bom desempenho do trabalho, principalmente em vista da administração e supervisão das atividades e do relacionamento técnico com os outros postos e setores de trabalho.
- Móveis, aparelhos, máquinas, equipamentos e utensílios do bar e restaurante, inclusive os computadores e as comandas eletrônicas.
- Receituário, identificação, preparação, decoração e serviço dos principais *cocktails* nacionais e internacionais, assim como dos *drinks* típicos brasileiros, como caipirinhas, batidas e outros.
- As bebidas do bar: classificação, matérias-primas utilizadas, teor alcoólico, marcas e sua utilização.

- Normas de comportamento pessoal relativas a: apresentação pessoal, postura, modos, uniformes e relacionamento com colegas, superiores ou subordinados e com os diversos tipos de clientes.
- Normas de higiene ambiental, profissional e pessoal que devem ser observadas no bar e na hotelaria em geral, devido às características específicas das atividades e à natureza da prestação de serviços. A inobservância dessas regras pode ter consequências graves tanto para a saúde dos clientes como para a economia da empresa.
- Normas de uso do telefone visando a um atendimento correto dos clientes. Embora seja um meio de comunicação comumente usado, o telefone apresenta características específicas, que condicionam sua utilização de forma econômica e eficaz. Uma utilização inadequada dentro da empresa pode ter consequências negativas tanto do ponto de vista operacional como comercial.

É útil, então, que o *barman* siga as principais regras do uso do telefone, de acordo com as situações mais frequentes encontradas na vida profissional. São elas:

- custo das comunicações telefônicas e suas alternativas;
- regras específicas para comunicação a longa distância;
- regras para apresentação e para o primeiro contato em função do tipo de interlocutor;
- regras para uma boa recepção: manuseio do aparelho, saber ouvir, saber anotar e saber perguntar;
- regras para uma boa emissão: manuseio do aparelho, articulação, evolução e soletração;
- operações e definições básicas: a chamada direta, a chamada via telefonista e o emprego da lista telefônica.

- Formulários e documentos do bar: sua finalidade e fluxo em outros setores.
- Perdas e prejuízos por falta de controle, adoção de medidas preventivas no controle rigoroso de entrada e saída das mercadorias e acompanhamento cuidadoso das vendas.

- Maneira mais adequada de tratamento dos diversos tipos de clientes. No bar de um grande hotel, por exemplo, é comum haver os mais diversos tipos de clientes, como os embriagados, torcedores de futebol ou curiosos, cada um querendo, ou talvez exigindo, que o *barman* lhes dê atenção sobre seus assuntos particulares, o que por vezes não é possível em função do acúmulo de trabalho ou da falta de conhecimento sobre aquele determinado assunto.

FUNÇÕES DE ADMINISTRAÇÃO

- Planejar, controlar e organizar o bar para o início de cada atividade, observando os detalhes para que os clientes sejam atendidos no tempo certo e da forma adequada.
- Supervisionar as atividades de fechamento do bar, como a limpeza, o desligamento de aparelhos elétricos, o trancamento de portas e janelas e a guarda de bebidas e produtos perecíveis.
- Elaborar junto com outros profissionais a carta do bar, criando novas promoções, novos *cocktails* e, se preciso, eliminando outros.
- Planejar e dirigir junto com o *maître* os serviços de bebidas em banquetes.
- Preparar planos de trabalho e escalas de revezamento de pessoal do bar.
- Preparar fichas de custo e fichas técnicas de produção dos *cocktails*.
- Cuidar da segurança em geral e da prevenção de incêndio.
- Acompanhar o fluxo de serviço e atendimento no bar para que, no decorrer da estada do cliente, este se sinta tratado com a máxima atenção.
- Atender adequadamente as reclamações do cliente, de modo que se possa minimizar sua insatisfação com a empresa.
- Fazer a avaliação do bar com os clientes de maneira geral.
- Resolver situações de emergência e, se for o caso, chamar superiores para tal fim.

- Planejar e avaliar junto com seus superiores as atividades e os resultados do bar.
- Dirigir, controlar e supervisionar as atividades do pessoal de serviço.
- Treinar seus subordinados no ambiente de trabalho.
- Administrar o estoque de bebidas e de outros produtos de consumo no bar.
- Fazer inventários e controles de produtos, equipamentos, roupas e utensílios do bar.

FUNÇÕES ESPECÍFICAS

- Limpar e manter limpos móveis, aparelhos, máquinas, equipamentos e utensílios do bar, utilizando os produtos e equipamentos adequados.
- Limpar e manter limpas as garrafas de bebidas que estão em exposição permanente no bar.
- Fazer a *mise-en-place* do bar, tanto na parte interna como na externa, de acordo com os padrões e procedimentos da empresa.
- Fazer a requisição de bebidas e outros produtos de consumo do bar e estocá-los ou conservá-los adequadamente.
- Fazer a reposição de roupas.
- Arrumar e conferir os cardápios e listas de *cocktails*.
- Reabastecer e ligar a máquina para café expresso.
- Preparar pratos de salgadinhos e petiscos, se for o caso.
- Fechar o serviço de bar, assim como as instalações do bar, de acordo com as normas da empresa.
- Anotar o pedido das bebidas dos clientes, procurando utilizar as técnicas adequadas de venda, conforme orientação da empresa.
- Preparar e servir bebidas, *cocktails* e outros produtos no bar, observando as técnicas de serviço específicas de cada tipo de bebida ou produto de acompanhamento.

- Desempenhar operações intermediárias ao serviço, como retirar copos, garrafas, talheres, cinzeiros e transportá-los aos seus devidos lugares.
- Apresentar a nota aos clientes e cobrar utilizando as diversas formas de pagamento permitidas pela empresa.
- Preparar e servir bebidas em serviços de *buffet* no atendimento tanto aos clientes como à brigada de serviço.
- Operar a caixa registradora ou o computador do bar, se for o caso, conforme as orientações da gerência.
- Preparar e servir café expresso e outras bebidas quentes de acordo com o cardápio do bar e a política da empresa.
- Preparar e servir sucos, vitaminas e *frappés*, utilizando produtos concentrados ou frutas frescas para pequenas ou grandes quantidades.
- Realizar a venda de produtos do bar por sugestão ao cliente ou por recursos à disposição, como cardápios, mostruários de bebidas, etc.
- Recepcionar os clientes no bar, se for o caso.

CARGOS E TAREFAS DA BRIGADA DO BAR

Chefe de bar

Resumo do cargo

- Supervisionar todas as atividades relacionadas com o serviço de atendimento aos clientes.
- Controlar estoque de mercadorias, bebidas, utensílios e pessoal do setor.
- Participar da elaboração dos *menus*.

Responsabilidades

- Supervisionar todas as atividades relacionadas com o serviço de bebidas e com o atendimento aos clientes nos bares.
- Atender reclamações dos hóspedes e clientes.

- Participar da elaboração dos cardápios dos bares.
- Organizar serviços do bar para *cocktails*.
- Administrar o estoque de bebidas e de outros produtos utilizados no bar.
- Fazer o inventário e o controle dos utensílios do bar.
- Controlar materiais permanentes, equipamentos e utensílios de seu departamento, zelando por sua conservação e manutenção.
- Assessorar a direção no recrutamento, formação, avaliação e em outras decisões relativas a seu pessoal.
- Fazer entrevistas técnicas na seleção de candidatos.
- Preparar planos de trabalho e escalas de revezamento.
- Orientar seus subalternos.
- Executar outras tarefas afins.

Requisitos

Conhecimentos desejáveis

- Nível educacional: ensino médio ou superior completo.
- Formação técnica: curso de *barman*, curso de *maître*.
- Experiência profissional: cinco anos como *barman* ou chefe de bares em hotel ou restaurante classe A.
- Idiomas: noções de inglês.
- Informática: conhecimento de computador e capacidade de operar os principais programas.
- Comandas eletrônicas: conhecimento e operação dos principais sistemas.

Habilidades pessoais desejáveis

- Facilidade de comunicação e expressão.
- Organização e métodos pessoais.
- Iniciativa e criatividade.
- Dinamismo e paciência.
- Praticidade na resolução de problemas.

- Capacidade de liderar e chefiar.
- Postura rígida com certo grau de austeridade em relação aos seus subordinados.
- Domínio de técnicas de venda.

Barman

Resumo do cargo

- Atender hóspedes e clientes no bar e servir-lhes bebidas e lanches.
- Dirigir e controlar as atividades de seu local de trabalho.

Responsabilidades

- Preparar o local de serviço.
- Atender aos pedidos dos clientes e dos garçons.
- Preparar *cocktails* e outras bebidas e servi-los aos hóspedes, clientes e garçons.
- Servir salgadinhos e lanches no bar.
- Planejar, preparar e servir *cocktails* e salgadinhos em banquetes.
- Fechar o serviço de bar.
- Atender às reclamações dos clientes.
- Resolver as situações de emergência.
- Zelar pela conservação e pela manutenção dos equipamentos e materiais de seu departamento.
- Orientar seus subalternos e treiná-los no ambiente de trabalho.
- Executar outras tarefas afins.

Requisitos

Conhecimentos desejáveis

- Nível educacional: ensino médio completo.
- Formação técnica: cursos de *barman* ou de garçom.

- Experiência profissional: três anos como *barman* em hotel ou restaurante.
- Idiomas: noções de inglês.
- Informática: conhecimento de computador e capacidade de operar os principais programas.
- Comandas eletrônicas: conhecimento e operação dos principais sistemas.

Habilidades pessoais desejáveis

- Facilidade de comunicação e expressão.
- Iniciativa e criatividade.
- Dinamismo e paciência.
- Domínio de técnicas de venda.

Garçom de bar

Resumo do cargo

- Servir bebidas, *cocktails*, salgadinhos e lanches em geral a hóspedes e clientes no bar.

Responsabilidades

- Servir *cocktails* e outras bebidas a hóspedes e clientes no bar.
- Preparar o local de trabalho.
- Atender aos pedidos dos clientes.
- Servir salgadinhos e lanches no bar.
- Servir *cocktails* e salgadinhos em banquetes e outros eventos.
- Fechar o serviço do bar.
- Atender às reclamações dos clientes.
- Zelar pela conservação e pela manutenção dos equipamentos e materiais do seu departamento.
- Orientar seus subalternos.
- Executar outras tarefas afins.

Requisitos

Conhecimentos desejáveis

- Nível educacional: ensino médio completo.
- Formação técnica: curso de garçom.
- Experiência profissional: três anos como garçom em hotel ou restaurante.
- Idiomas: noções de inglês.
- Informática: conhecimento de computador e capacidade de operar os principais programas.
- Comandas eletrônicas: conhecimento e operação dos principais sistemas.

Habilidades pessoais desejáveis

- Facilidade de comunicação e expressão.
- Dinamismo e paciência.
- Boa apresentação pessoal.
- Domínio de técnicas de venda.
- Iniciativa e criatividade.

Commis de bar

Resumo do cargo

- Atender hóspedes e clientes no bar e servir-lhes alimentos e bebidas.
- Limpar as mesas durante o serviço aos clientes e depois dele.

Responsabilidades

- Auxiliar o garçom nas tarefas relativas ao atendimento dos clientes.
- Preparar o local de trabalho.
- Servir bebidas e lanches a hóspedes e clientes, quando o garçom solicitar.

- Limpar e montar mesas durante o serviço.
- Auxiliar o fechamento do bar.
- Zelar pela conservação e manutenção dos equipamentos e materiais de seu departamento.
- Executar outras tarefas afins.

Requisitos

Conhecimentos desejáveis

- Nível educacional: ensino médio completo.
- Formação técnica: cursos de *commis* ou garçom.
- Experiência profissional: um ano como *commis* em hotel ou restaurante.

Habilidades pessoais desejáveis

- Facilidade de comunicação e expressão.
- Dinamismo e paciência.
- Boa apresentação pessoal.
- Iniciativa e criatividade.

O bar

HISTÓRICO

Acredita-se que a palavra *bar* tenha sua origem na França. Dois americanos da Califórnia, que estudavam em Paris, em meados do século XVIII, costumavam frequentar diversas tabernas. Algumas delas apresentavam uma barra (*bar*, em inglês) estendida ao longo de todo o comprimento do balcão. Essa barra tinha a finalidade de evitar que os clientes se encostassem demasiadamente no balcão e também servia de apoio a clientes bastante alcoolizados, aumentando, assim, a funcionalidade do local.

No regresso a sua terra natal, os estudantes californianos levaram consigo a novidade, instalando ali um novo estabelecimento com o nome de bar, que, inspirado nos moldes do francês, logo se tornou a casa da moda.

A designação fez tanto sucesso nos Estados Unidos que não demorou a ser criado o *american bar*.

A evolução do bar tem sido muito rápida, principalmente depois da Primeira Guerra Mundial (1914-1918), devido à divulgação desse tipo de casa comercial feita não só pelos soldados, mas também pelos executivos americanos na Europa e no resto do mundo.

Pela demanda, os hotéis tradicionais da Europa e de outros continentes foram obrigados a montar seus próprios bares, contribuindo, assim, para o bom e moderno serviço prestado aos hóspedes e ao turismo em geral.

Nos hotéis modernos é praticamente obrigatória a instalação de diversos bares em pontos apropriados.

Dessa forma, os bares vieram a substituir as antigas tabernas e adegas em todo o mundo.

CARACTERIZAÇÃO

Um bar pode ser caracterizado como um local agradável e aconchegante onde se servem bebidas alcoólicas, outras não alcoólicas e alguns salgadinhos para acompanhar os *drinks* e os *cocktails*. Geralmente é composto de um balcão de tamanho variado, de acordo com o espaço existente, e de banquetas ou assentos individuais.

Alguns bares, além do balcão, possuem ambientes com pequenas mesas, cadeiras e poltronas para acomodar confortavelmente os clientes. No espaço delimitado pelo balcão, situam-se as prateleiras – de tamanho variado, para expor e guardar as bebidas –, o antebalcão – onde o *barman* prepara os *drinks* e *cocktails* –, máquina de fazer gelo, geladeiras, armários para as bebidas e outros equipamentos e móveis necessários ao bom desempenho do *barman*.

O *barman* e seus auxiliares trabalham à frente do cliente e, portanto, exigem-se um serviço de alto nível, ótima apresentação pessoal, utensílios e equipamentos em perfeita higiene e em ótimo estado de conservação. Eficiência, ordem e higiene são requisitos imprescindíveis.

TIPOS DE BAR

American bar

Trata-se de um bar clássico, tipicamente americano, onde a atuação do *barman* é a principal atração. Consta de um longo balcão e de grandes prateleiras para a exposição e guarda das bebidas. Além das banquetas, pode ter também mesas e poltronas para acomodação dos clientes.

A montagem do salão é sempre voltada para o bar, dando a impressão de se estar num teatro, onde o ator principal é o *barman*.

Uma das principais atrações do *american bar* é o fato de o cliente poder sentar-se junto ao balcão e apreciar a arte do *barman* no preparo dos *drinks* e *cocktails* e, com ele, poder dialogar sobre assuntos variados.

No *american bar*, que se localiza principalmente nos hotéis e restaurantes de primeira categoria, servem-se, além dos *cocktails*, bebidas nacionais e estrangeiras, salgadinhos, canapés e lanches.

Piano bar

Trata-se de um bar clássico, requintado e luxuoso, geralmente localizado em hotéis de primeira categoria, onde a principal atração é a música de piano e o pianista. Por vezes os clientes pedem diretamente ao pianista que toque determinadas músicas, que devem ser prontamente executadas. Os serviços do bar são os mesmos do *american bar*.

Snack bar

Bar comum, situado geralmente em grandes hotéis, lojas de departamentos e outros locais de grande movimentação de público. Além das bebidas, serve também refeições rápidas, sanduíches e outros produtos de preparação simples e rápida.

Wine bar

Bar especializado em vinhos, que serve também queijos, lanches e pratos rápidos. Além dos vinhos em garrafa, serve também os vinhos em taça, onde as garrafas abertas são acondicionadas em uma máquina denominada *wine machine*, que tem um sistema que permite tirar o vinho aos poucos da garrafa aberta e conservar o restante por vários dias. Essa máquina comporta até uma dúzia de garrafas, permitindo ao cliente maior escolha.

Singles bar

Trata-se de um bar para solteiros e solteiras, onde o principal objetivo é a paquera ou conseguir companhia. Os produtos servidos podem ser os mais variados.

Boite

Casa especializada em *shows*, música ao vivo, dança e paquera. São oferecidos aos clientes produtos diversos.

Executive bar

Bar para executivos que se reúnem para tratar de negócios. Bebidas diversas, canapés, salgadinhos e lanches são os produtos mais servidos.

Bar privé

São bares fechados, onde é necessário se associar para poder frequentar. São oferecidos diversos alimentos e bebidas aos associados.

Bares especializados

- Em determinada bebida: como, por exemplo, *beer-bar*, *coffee bar*, cachaçaria, *whisky bar*, etc. As comidas podem ser as mais variadas.
- Em determinado tipo de clientela: como, por exemplo, bar de jovens, de pessoas de meia-idade, de *gays*, etc. Os produtos podem ser bastante variados.
- Em determinado tipo de música: como, por exemplo, *jazz bar*, MPB bar, karaokê, *piano bar*, *rock bar* e outros. Comidas e bebidas bastante variadas.
- Em determinado tipo de esporte: como, por exemplo, futebol, golf, tênis, gamão, xadrez, etc. Comidas e bebidas bastante variadas.
- Em público de determinada região ou país: que se reúne para conversar ou discutir assuntos comuns de sua região de origem. Os alimentos e bebidas em geral são típicos daquelas localidades.

UTENSÍLIOS

A boa prestação de serviço resulta, em parte, da existência de um instrumental adequado. A seguir listamos uma relação dos utensílios mais usados nos grandes bares:

- abridor de garrafa;
- abridor de lata;
- açucareiros;
- alicate de abrir garrafa;
- amassador de limão de madeira, para caipirinha;
- baldes para gelo;

- bandejas;
- caçambas para gelo;
- coadores;
- colher de bar (bailarina);
- colher de café;
- colher de chá;
- colher de mesa;
- colher de sobremesa;
- copo de bar (*mixing-glass*);
- copos diversos para servir *cocktail*, *champagne*, licor, *grog*, martini, caipirinha, batida, *vodka*, Porto, *sherry*, vinho, *cognac*, *whisky*, refrigerante, água, cerveja, suco, etc.;
- coqueteleira (*shaker*);
- dosador para bebida;
- espremedor de frutas;
- facas diversas;
- jarras;
- paliteiros;
- passador de *cocktail*;
- pinças para gelo e frutas;
- pires para salgadinhos;
- porta-contas;
- porta-guardanapos;
- porta-ovos;
- pratos diversos;
- ralador de noz-moscada;
- saca-rolhas;
- tábuas de bar;
- recipientes para polvilhar sal, pimenta, canela, noz-moscada, etc.
- xícaras de café com pires.

EQUIPAMENTOS

Um bar equipado e bem montado propicia o bom desempenho do profissional, além de favorecer o bem-estar dos clientes. Alguns móveis e equipamentos são instalados conforme a estrutura do bar ou recebem adaptações de acordo com as necessidades e as características do local.

- ▶ Balcão do bar – divisória entre a área interna, de serviço, e a externa, onde ficam os clientes; é também o lugar em que são expostos alguns utensílios e são servidas as bebidas aos clientes.
    - dimensões aproximadas:
        - altura: 1,20 m.
        - largura: 0,70 m.
        - comprimento: de acordo com o espaço e o *layout* do bar.
- ▶ Balcão de serviços ou antebalcão – situa-se abaixo do balcão do bar, na parte interna, e serve de apoio para os utensílios e produtos durante a preparação dos *drinks*.
    - dimensões aproximadas:
        - altura: 1,05 m.
        - largura: 0,50 a 0,60 m.
        - comprimento: de acordo com o comprimento do balcão.
- ▶ Banquetas – apropriadas para os clientes se sentarem junto ao balcão do bar.
    - dimensão aproximada:
        - altura: 0,75 m.
- ▶ Prateleiras – apropriadas para a exposição e o estoque de garrafas de bebidas.
    - dimensões aproximadas:
        - altura: 0,33 a 0,40 m.
        - largura: 0,18 a 0,20 m.
        - comprimento: de acordo com o espaço existente e o tamanho do balcão.

- Geladeiras – para guardar os gêneros perecíveis de uso no bar e as bebidas que devem ser mantidas geladas.
- Máquinas – de fazer gelo.
- Pias – para lavagem de copos e outros utensílios (água quente e fria).
- Armários – para guardar estoque mínimo de bebidas.
- Estrado – de madeira, de plástico ou altileno, interno, que permite ao pessoal do bar circular com segurança e melhor higiene.

CONDIMENTOS E GÊNEROS ALIMENTÍCIOS

Acompanhando as bebidas, são servidos no bar outros produtos, como amendoim, pipoca, batatas *chips*, sanduíches, canapés, salgadinhos, etc.

Além disso, para um leigo em serviços de bar, pode parecer estranho que se usem, nesse estabelecimento, condimentos e gêneros alimentícios; no entanto, isso é muito comum.

Os principais condimentos e gêneros alimentícios do bar são:
- açúcar;
- azeitona verde;
- café;
- canela em pó;
- casca de laranja e limão;
- cebolinha em conserva;
- cereja;
- cravo;
- creme de leite;
- folha de hortelã fresca;
- frutas: maçã, laranja, abacaxi, limão e outras;
- gengibre;
- leite condensado;

- leite de coco;
- molho inglês e de pimenta;
- noz-moscada;
- pimenta-do-reino;
- sal;
- sucos: maracujá, abacaxi, tomate, uva, caju, laranja, limão e outros;
- tabasco;
- xaropes: groselha, framboesa, morango e outros.

DIVERSOS

- canudos;
- guardanapos de papel e de pano;
- panos diversos;
- *sticks*;
- palitos;
- enfeites de *cocktails*.

BEBIDAS

Destilados/aguardentes:

- Absinto;
- Armagnac;
- Bagaceira;
- *Brandy* nacional e importado;
- Cachaça ou pinga;
- Calvados;
- *Cognac*;
- Fraise;
- Framboise;
- *Gin* nacional e importado;

- Grappa;
- Kirsch;
- Marc;
- Mezcal;
- Pisco;
- Poire;
- Pomme;
- Rum nacional e importado;
- *Steinhäger* nacional e importado;
- Tequila;
- *Vodka* nacional e importada;
- *Whiskey* americano Bourbon;
- *Whiskey* americano Tennessee;
- *Whiskey* irlandês;
- *Whisky* canadense;
- *Whisky* escocês;
- *Whisky* nacional.

Anisados:

- Absinto;
- Arak;
- Pastis;
- Pernod;
- Ricard;
- Ouzo.

Bitters:

- Angostura nacional e importado;
- Campari nacional e importado;
- Fernet nacional e importado;
- Underberg nacional e importado.

Licores:
- Bénédictine;
- Chartreuse;
- Cointreau;
- Creme de cassis;
- Diversos tipos de licores específicos para *cocktails*;
- Drambuie;
- Frangélico;
- Glayva;
- Grand Marnier;
- Marasquino;
- Strega;
- Tia Maria.

Vermouths e *apéritifs*:
- Carpano;
- Cinzano;
- Cynar;
- Dubonnet;
- Lillet;
- Martini;
- Noilly Prat;
- Punt & Mes;
- St. Raphaël;
- St. Remy.

Vinhos espumantes:
- *Champagne*;
- Espumantes nacionais e importados.

Vinhos de mesa:
- Vinhos brancos e tintos nacionais e importados.

Vinhos fortificados:

- Madeira;
- Málaga;
- Marsala;
- Porto;
- *Sherry*.

Cervejas:

- Cervejas nacionais e importadas;
- Chope.

Bebidas alcoólicas diversas:

- Cidra;
- Ginja;
- Jeropiga;
- Pimm's
- Saquê nacional e importado;
- Xaropes diversos para composição de *cocktails*.

Bebidas sem álcool:

- Águas com e sem gás;
- Isotônicos;
- Refrigerantes;
- Sucos.

MISE-EN-PLACE

Mise-en-place é uma palavra do idioma francês que, na terminologia hoteleira, significa arrumação e preparação do ambiente de trabalho antes do início do atendimento à clientela. Da *mise-en-place* depende o bom e rápido serviço do profissional.

A *mise-en-place* do bar compõe-se das diversas tarefas que descrevemos a seguir:

- fazer o levantamento dos gêneros que estão faltando;
- providenciar as requisições e encaminhá-las aos setores correspondentes (de gêneros perecíveis, requisitar apenas a quantidade suficiente para o dia);
- receber, conferir e guardar adequadamente as mercadorias requisitadas;
- higienizar e polir os móveis, equipamentos e utensílios do bar;
- preparar os ingredientes que entram na composição dos *cocktails*, como sucos, frutas, cascas de frutas, gelo, etc.

O CLIENTE

O bar é frequentado pelos mais variados tipos de pessoas, e o *barman* terá de usar de muita psicologia para amoldar-se aos diferentes tipos de personalidades, procurando, na medida do possível, dar um bom atendimento a todos.

Existe o tipo de cliente extrovertido que, quando vai ao bar para festejar algum evento, convida o *barman* a compartilhar de sua alegria. O *barman* deverá fazer com que aquela euforia perdure durante o tempo em que o cliente permanecer no bar, sem contudo beber.

Há o cliente que chega ao bar, pede seu *drink* e não gosta de ser incomodado nem de conversar.

Temos também aqueles usuários que, devido a sua assiduidade, tornam-se bastante familiares (principalmente em bares de hotéis) e, às vezes, costumam fazer confidências sobre assuntos particulares. Nesse caso, o procedimento do *barman* deverá ser o de um *gentleman*, ouvindo com atenção e evitando emitir opiniões que poderão ferir suscetibilidades. No exercício de sua função, o *barman* nunca deverá demonstrar preferência, seja em política, seja em religião, respeitando assim um velho mandamento: o cliente não pode ser contrariado.

A não ser que já tenha escolhido o que vai beber, o cliente consulta a carta do bar, a fim de escolher o que mais lhe convém. O *barman* tem obrigatoriamente de conhecer e saber preparar todos os itens nela inseridos, estar informado das procedências, dos processos de elaboração e das matérias-primas dos diversos produtos vendidos no bar. São comuns, porém, os clientes que solicitam sugestões. O *barman* deverá atendê-los, procurando identificar preferências e, se possível, de um modo bastante sutil, tentando vender as bebidas que dão mais lucro para a empresa.

AS VENDAS

A venda de bebidas num hotel ou restaurante pode ter grande representatividade nos negócios da empresa, principalmente no que se refere à lucratividade.

O percentual de lucro varia muito de produto para produto; os *cocktails* podem ser considerados os mais lucrativos e as bebidas vendidas em garrafa como as de lucro menor.

As vendas no bar chegam a ser tão interessantes que grandes hotéis, com problema de baixa ocupação nas unidades habitacionais, optaram pela incrementação da área de bares, aproveitando a marca da organização e os espaços ainda inexplorados.

TÉCNICAS DE VENDA DE BEBIDAS

Para a venda acertada de um *cocktail* ou de outra bebida do bar, é necessário estar preparado psicológica e tecnicamente para a tarefa. O vendedor (*barman*) deve ter e assimilar previamente o maior número possível de informações sobre o cliente, a fim de poder atendê-lo da melhor forma; além disso, deve conhecer, com detalhes técnicos, o produto que vai vender. Conhecer o produto significa dominar, com muita segurança:

- ▶ cardápio;
- ▶ carta de vinhos;
- ▶ carta do bar (composição e preparação de *cocktails*);
- ▶ processos de fabricação das bebidas;
- ▶ nacionalidade das bebidas;
- ▶ particularidades de cada bebida;

- graduação alcoólica das bebidas;
- classificação dos *cocktails* e das bebidas, etc.

A venda de *cocktails* e outras bebidas do bar é realizada por meio da carta do bar ou por sugestão ao cliente. Ao indicar uma bebida, o profissional deve levar em conta o poder aquisitivo do interessado, o clima, a ocasião e até o local onde será realizada a consumação. No caso de o cliente não aceitar a sugestão oferecida e pedir outra bebida ao funcionário, cumpre respeitar a opinião do cliente e servir o produto que tiver sido solicitado.

Ao se tratar de bebidas muito caras, o profissional deve certificar-se de que o cliente conhece o preço de venda, para não haver problemas ou surpresas na hora do pagamento da conta.

Satisfazer a clientela é mais importante do que seguir regras e costumes. Por isso, se o cliente pedir uma bebida que tecnicamente não seja recomendada para acompanhar determinado prato, ou que esteja em temperatura inadequada, de acordo com os padrões técnicos usuais, assim mesmo o profissional deve servi-la, atenciosamente, respeitando gostos e preferências.

Ao vender e servir uma bebida do bar, o vendedor deve falar apenas o suficiente com o comprador e chamá-lo pelo nome e título, se conhecer.

Se, por algum motivo, o cliente reclamar da bebida, proceda da seguinte forma:

- adote uma atitude receptiva, aceitando a reclamação e mostrando compreensão;
- procure permanecer calmo: não interrompa o cliente e deixe-o terminar por completo o que tem a dizer;
- comece a responder de forma clara e precisa, reconhecendo os fatos desagradáveis;
- agradeça as observações e considere justificada a atitude do cliente, se for o caso;
- aceite os erros, não procurando justificativas nem culpando o fornecedor ou os outros serviços da empresa;

- ao certificar-se de que a bebida tem algum defeito, troque-a rapidamente e desculpe-se com o cliente.

SUGESTÕES DE PROMOÇÃO INTERNA PARA BARES E RESTAURANTES

- Os bares e restaurantes devem ter boa apresentação no que se refere à disposição de mesas, cadeiras, aparadores, balcões e banquetas. É necessário haver espaço suficiente para trânsito dos clientes e funcionários. As mesas, cadeiras e banquetas precisam estar perfeitamente alinhadas.
- Os uniformes da brigada, além de estarem limpos permanentemente, devem ser idênticos e estar impecáveis.
- Sugere-se que, em bares ou restaurantes finos, o trabalho de recepção dos clientes seja feito por profissionais que tenham excelente apresentação pessoal e dominem, pelo menos, o idioma inglês.
- Roupas, utensílios e equipamentos precisam estar sempre impecáveis, quanto à limpeza e à conservação.
- A preferência por materiais de boa qualidade comprova bom gosto, fineza e retorno permanente.
- A decoração deve ser a melhor possível. A melhor não quer dizer a mais cara, mas sim a que combine com o bar ou restaurante como um todo. Flores e plantas naturais, quadros e outros objetos de decoração são indispensáveis.
- Exposições, dentro das possibilidades, de quadros e obras de arte poderão trazer grande prestígio, além de melhorar a estética e a aparência do bar.
- A brigada deve ser o mais eficiente e simpática possível. Para isso é necessário que o gerente, o *barman* ou o *maître d'hôtel* faça reuniões constantes para entrosamento e promova programas de treinamento.
- A música ao vivo ou gravada requer adequação e volume condizentes com o ambiente.

- Colocar serviço de bar próximo à areia da praia facilita a consumação dos hóspedes ou clientes de hotéis ou restaurantes de beira de praia.
- O bar deve ter inovações constantes, quer no aspecto de apresentação geral, quer no aspecto de promoções específicas.

APRESENTAÇÃO GERAL

A apresentação geral é altamente beneficiada com estes cuidados:

- trocar plantas e flores quando necessário;
- trocar toalhas e guardanapos diariamente, se necessário;
- colocar jogos, revistas e jornais à disposição dos clientes;
- manter o balcão bem decorado e limpo;
- usar uniformes diferentes (os *barmen*) no almoço e no jantar;
- utilizar música ao vivo de piano ou de outros instrumentos.

ASPECTO PROMOCIONAL

Eis algumas providências que contribuem muito para a promoção do estabelecimento:

- manter cardápio de bar bem apresentado e sugestivo;
- colocar mesa com patês e torradas grátis no meio do bar;
- colocar mesa com *cocktails* especiais no meio do bar, para promoção (exemplo: *cocktails* no coco, melão ou abacaxi);
- promover descontos especiais no horário das 18h às 21h, colocando alguma atração (exemplo: piano ao vivo);
- promover *cocktails* grátis (exemplo: toma um, ganha outro *happy hour*);
- fazer folhetos promocionais;
- promover o *welcome drink* – *cocktail* de boas-vindas à chegada dos convidados;
- promover o *sunset drink* – *cocktail* ao pôr do sol, muito usado nos Estados Unidos.

CONTROLE

O controle do bar, não obstante suas dificuldades normais em função da natureza e variedade dos produtos utilizados, deve ser feito com a maior seriedade pelos setores competentes.

No âmbito de uma grande empresa hoteleira ou similar, o controle do bar é realizado geralmente em dois níveis: o operacional – feito diariamente pelo *barman* – e o administrativo – feito semanal ou quinzenalmente pelo controlador geral da empresa. Pode variar de acordo com o tamanho e a política organizacional da empresa, mas, em geral, obedece quase sempre aos mesmos critérios de operacionalização.

Partindo-se do princípio de que todo bar deveria trabalhar com estoque fixo e conhecido pelos encarregados do controle geral da empresa, fica claro entender a sistemática de controle. Exemplo:

estoque fixo – produtos vendidos = receita bruta.

Há vários tipos de controle de bar; este é o mais simples.

ITENS A OBSERVAR PARA A EFETIVAÇÃO DO CONTROLE

O controle do bar requer a observância dos seguintes itens:

- estudar um estoque fixo de mercadorias e utensílios que seja ideal para cada bar, de acordo com o movimento;
- manter permanentemente o estoque fixo de cada bar;
- elaborar e manter atualizadas as fichas técnicas de produção de todos os *cocktails*;
- fazer com que os *barmen* preparem os *cocktails* exatamente de acordo com as fichas técnicas de produção;
- requisitar, conferir e receber as mercadorias de reposição diária (trocar garrafas vazias por garrafas cheias);
- utilizar o formulário "Controle diário do bar" durante o período de trabalho, para fazer anotações das bebidas utilizadas;
- fazer inventário semanal ou quinzenal, comparando o estoque fixo, as requisições, as vendas e a receita.

FITA DE CONTROLE DE DOSES DE BEBIDAS ALCOÓLICAS

Entre os diversos métodos de controle de bebidas servidas em dose nos hotéis, bares e restaurantes, destaca-se o método conhecido por "fita de controle de dose", bastante utilizado.

Finalidades

As suas principais finalidades são:

- permitir ao cliente controlar o consumo da bebida quando a garrafa é colocada na sua mesa;
- facilitar ao garçom o fechamento da nota, caso a garrafa seja colocada na mesa do cliente;
- facilitar o controle diário realizado pelo *barman*;
- facilitar a realização do inventário diário ou periódico.

Elaboração

Algumas empresas de bebidas já elaboram as fitas de controle de dose de seus produtos e as distribuem nos hotéis, bares e restaurantes.

Entretanto, para a maioria das bebidas, é necessário elaborar fitas específicas, que geralmente são confeccionadas pelo setor de controle das empresas.

Método de elaboração

- Separar uma garrafa vazia para a qual se pretende fazer a fita de controle de dose.
- Colar uma fita de papel em branco de 1 cm de largura em todo o comprimento da garrafa.
- Preparar uma solução de água com corante.
- Preparar uma seringa ou um dosador com 45 ml de volume.
- Encher a seringa ou o dosador com a solução e colocá-la na garrafa com a ajuda de um funil.
- Registrar, com lápis ou caneta, uma marca horizontal na fita em branco, à medida que as doses forem introduzidas.

- Ao término do enchimento da garrafa e da marcação total das doses na fita, retirar a fita da garrafa e colá-la numa folha de papel sulfite.
- Riscar toda a folha conforme as marcas da fita já preparada e cortar em tiras de 1 cm de largura, terminando, assim, a confecção das diversas fitas dessa garrafa.

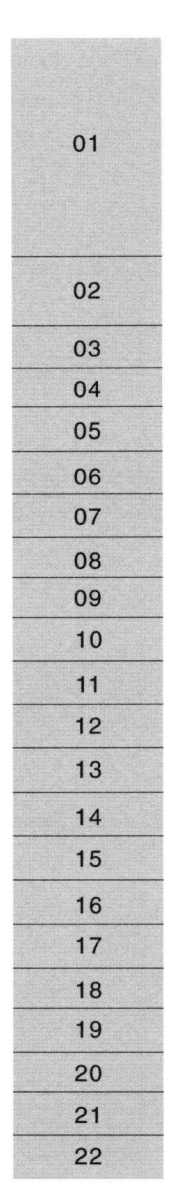

Exemplos de fitas de controle de doses de bebidas alcoólicas

1. *Vermouth* Martini
garrafa com
900 ml:
20 doses de 45 ml

2. *Brandy* Fundador
garrafa com
1.000 ml:
22 doses de 45 ml

3. Vinho do Porto Adriano Ramos Pinto
garrafa com
630 ml:
14 doses de 45 ml

4. *Whisky* Old Eight
garrafa com
1.000 ml:
22 doses de 45 ml

1	2	3	4
20	01	14	01
19	02	13	02
18	03	12	03
17	04	11	04
16	05	10	05
15	06	09	06
14	07	08	07
13	08	07	08
12	09	06	09
11	10	05	10
10	11	04	11
09	12	03	12
08	13	02	13
07	14	01	14
06	15		15
05	16		16
04	17		17
03	18		18
02	19		19
01	20		20
	21		21
	22		22

Aristides de Oliveira Pacheco

5. Rum Bacardi
garrafa com
1.000 ml:
22 doses de 45 ml

6. *Whisky* J.B.
garrafa com
1.000 ml:
22 doses de 45 ml

7. *Whisky* Buchanan's
garrafa com
1.000 ml:
22 doses de 45 ml

8. *Whisky* Chivas Regal
garrafa com
750 ml:
16 doses de 45 ml

5. Rum Bacardi	6. Whisky J.B.	7. Whisky Buchanan's	8. Whisky Chivas Regal
01	01	01	01
02	02	02	02
03	03	03	03
04	04	04	04
05	05	05	05
06	06	06	06
07	07	07	07
08	08	08	08
09	09	09	09
10	10	10	10
11	11	11	11
12	12	12	12
13	13	13	13
14	14	14	14
15	15	15	15
16	16	16	16
17	17	17	
18	18	18	
19	19	19	
20	20	20	
21	21	21	
22	22	22	

As bebidas alcoólicas

PROCESSOS DE FABRICAÇÃO

Fermentação

Todas as bebidas alcoólicas resultam da fermentação de suas diversas matérias-primas.

Fermentação é o processo de transformação dos açúcares ou da sacarificação dos amidos em álcool etílico ou etanol. É produzida por enzimas segregadas por micro-organismos, bactérias ou leveduras; estas, na maioria das vezes, estão incorporadas à matéria-prima (frutas, cereais, etc.), cujo suco é fermentado em tanques ou tinas apropriadas.

De maneira geral, acrescentam-se também outras leveduras selecionadas para acelerar a fermentação. Via de regra, a fermentação é provocada por bactérias aeróbicas, ou seja, que necessitam da presença de oxigênio.

Toda fermentação produz um elemento gasoso – o gás carbônico – que, em alguns casos, é usado na gaseificação da própria bebida, como no *champagne* e na cerveja.

Destilação

É o processo de separação de líquidos por aquecimento, baseado na diferença de seus pontos de ebulição. Para efetuar a destilação, provoca-se o aquecimento da massa líquida até que ela atinja a ebulição, condensando-se em seguida o vapor obtido. Como os produtos têm pontos de ebulição diferentes, os primeiros vapores sempre são produzidos pelos elementos mais voláteis (é o caso do álcool), que se desprendem assim da massa líquida original.

A destilação, portanto, define-se como a combinação de duas operações inversas, vaporização e condensação, e será tão mais perfeita quanto maior for a diferença entre os pontos de ebulição de seus componentes.

Para melhor compreender esse processo, tomem-se por base os pontos em que o álcool e a água se transformam em vapor (álcool: 78 °C; água 100 °C); em virtude dessa diferença, os vapores do álcool são obtidos em primeiro lugar, o que permite recolhê-los e resfriá-los para que passem ao estado líquido, originando então as bebidas destiladas. Todas as bebidas destiladas são feitas a partir de um produto alcoólico obtido pela fermentação.

Infusão – bebidas compostas

As bebidas alcoólicas feitas pelo processo de infusão, também chamadas bebidas compostas, são obtidas por meio da imersão temporária de substâncias vegetais para que lhes sejam extraídas as essências.

As bebidas fabricadas por esse processo são produzidas a partir de produtos acabados, obtidos pelos processos de fermentação ou destilação, aos quais se adicionam os ingredientes que lhes dão as características; é o que ocorre, por exemplo, com *vermouths* e licores.

No caso dos *vermouths*, misturam-se diversas ervas e outros componentes ao vinho; seguem-se, então, a infusão e a maturação.

No caso dos licores, misturam-se as essências ao álcool neutro ou ao álcool obtido do produto que dá o sabor à bebida, com certa quantidade de água e de substâncias que lhes deem viscosidade, fazendo a mistura passar pela infusão e pela maturação.

Essas são as formas básicas da infusão. Cabe lembrar que as indústrias, para caracterizar seus produtos, acrescentam-lhes outros componentes, sempre mantidos em absoluto segredo.

Classificação geral das bebidas alcoólicas

Bebida	Processo de Produção	Principais Variedades/ Marcas	Utilização Principal	Grau* GL
Aguardente de bagaço de uvas	Destilação	Bagaceira, Grappa, Marc/Pisco	Digestivo	40-43
Aguardente de cana-de-açúcar	Destilação	Cachaça ou Pinga, Rum	Aperitivo, cocktails	40-43
Aguardente de cereais	Destilação	Whisky, Vodka, Gin, Steinhäger	Aperitivo, cocktails	40-45
Aguardente de frutas	Destilação	Calvados, Poire, Fraise, Framboise, Kirsch, Pomme	Digestivo, cocktails, gastronomia	40-45
Aguardente de planta babosa	Destilação	Tequila, Mezcal	Aperitivo, digestivo, cocktails	40-43
Aguardente de vinho	Destilação	Cognac, Armagnac, Brandy	Digestivo, cocktails, gastronomia	40
Anisado	Infusão/composta	Pastis, Pernod, Ouzo	Aperitivo	40-45
Bitter	Infusão/composta	Campari, Angostura, Fernet, Underberg	Aperitivo, cocktails	20-45
Cerveja	Fermentação	Alta fermentação: Ale, Stout, Porter Baixa fermentação: Lager, Pilsener	Dessedentante, acompanhante de refeições	3-5,5
Licor de ervas	Infusão/composta	Bénédictine, Chartreuse, Strega	Digestivo, cocktails	20-55
Licor de frutas	Infusão/composta	Cointreau, Creme de cassis, Grand Marnier, Marasquino	Digestivo, cocktails	35-40
Licor de whisky	Infusão/composta	Drambuie, Glayva, Lochan Ora	Digestivo	40-42
Saquê	Fermentação	—	Aperitivo, acompanhante de refeições	14-18
Vermouth	Infusão/composta	Carpano, Cinzano, Martini	Aperitivo, cocktails	16-18
Vermouth/ Aperitivo	Infusão/composta	Cynar, St. Raphaël, St. Remy, Punt & Mes, Dubonnet	Aperitivo, cocktails	16-18

(continua)

Bebida	Processo de Produção	Principais Variedades/ Marcas	Utilização Principal	Grau* GL
Vinho de mesa	Fermentação	Vinho de mesa, vinhos especiais	Acompanhante de refeições, gastronomia	10-13
Vinho espumante natural	Fermentação	• *Champagne* (França), • Espumantes (outros países), • *Cava* (Espanha), • *Sparkling* (EUA)	Aperitivo, gastronomia, *cocktails*, comemorações	10-13
Vinho fortificado	Fermentação	Madeira, Porto, Marsala, Málaga, Sherry	Aperitivo, digestivo	18-22
Vinho frisante	Fermentação	Lambrusco	Acompanhante de refeições	10-13

* Esses valores de graduação alcoólica são aproximados, podendo haver outras variações.

AS BEBIDAS FERMENTADAS

Cerveja

A palavra francesa *bière* provém do hebraico *bre*, que significa "cevada". O nome saxônico da cevada é *bere*; daí o nome da cerveja em diversas línguas: em alemão *bier*, em inglês *beer*, em francês *bière* e em italiano *birra*. O português, *cerveja*, e o espanhol, *cerveza*, derivam do latim *cerevisia*, que significa "grão de trigo".

A origem da cerveja remonta aos primórdios da civilização. Consta que é produzida há mais de 8 mil anos, e a maior parte de sua documentação histórica provém do Egito, onde se crê tenha sido criada e desenvolvida.

A técnica de sua elaboração, nesse tempo, consistia em um cozimento de cereais, como milho, trigo ou cevada, que logo após eram fermentados. Desse método resultavam um sabor ácido e uma graduação alcoólica maiores do que aqueles que a bebida apresenta atualmente.

Do Egito, a cerveja chegou à Grécia, à península Ibérica, à Gália e à Germânia, passando a ser a bebida predileta dos povos do norte da Europa.

Há alguns séculos, a Alemanha é um dos maiores produtores e consumidores desse precioso líquido. O escritor romano Cornelius Tacitus escreveu que os germânicos eram grandes apreciadores de cerveja. No entanto, a bebida que recebia, nessa época, o nome de cerveja tinha muito pouco em comum com a cerveja de hoje.

Na Idade Média, os conventos desempenharam relevante papel no desenvolvimento da cerveja, que, em virtude da escassez de legumes, era misturada a sopas e papas a fim de aumentar seu teor nutritivo. A chamada cerveja forte (*stark-bier*) deve sua origem aos monges Paulaners, que muito a apreciavam.

Por volta do ano 1000 d.C. surgiram os primeiros campos de lúpulo em Freising, perto de Munique, e começou-se a adicioná-lo à cerveja, o que deu à bebida um sabor amargo peculiar.

A primeira concessão para a fabricação de cerveja foi feita na Baviera, em 1146, à abadia Weihenstephan, que mais tarde se transformou na Escola Técnica de Cerveja – atualmente, a maior escola sobre o assunto no mundo.

A mais antiga cervejaria de Munique é a Augustinerbrau, que data de 1328, e a maior da Baviera é a Lawenhar, criada em 1383. Depois de 1800, a indústria da Baviera recebeu um grande impulso.

No século XIX, em quase toda parte, substituiu-se a cerveja altamente fermentada pela de baixa fermentação. Formaram-se grandes cervejarias resultantes da fusão de pequenas, em sua maioria criadas por frades e monges, que sempre influíram na criação e na expansão da fabricação de bebidas.

A cerveja, ao lado do vinho, talvez seja a bebida mais consumida em todo o mundo. Devido a seu teor nutritivo, ela pode ser considerada um perfeito complemento da alimentação.

Seus componentes nutritivos são: proteínas, aminoácidos, hidratos de carbono (glicose, maltose e dextrina), sais minerais (cálcio, fósforo e enxofre), anidrido carbônico e vitaminas do complexo B. Além de ser uma bebida de valor nutritivo dificilmente igualável, tem grande poder antisséptico, microbicida e diurético, altamente depurativo; é estimulante do apetite, tônico para o fígado e fortificante para os nervos; por ser ótima para dessedentar, é uma grande aliada para se suportar o calor do clima tropical.

Fabricação da cerveja

Eis as matérias-primas de sua fabricação: água, malte, lúpulo, leveduras (açúcar, arroz ou milho em alguns países).

- A água – a qualidade da água é de extrema importância, pois cada tipo de cerveja exige água de determinada composição.
- O malte – é obtido por um tipo de cevada chamada dística, que é submetido ao seguinte processo: seleção, limpeza, calibragem, pesagem, lavagem (ou molha), germinação, suspensão de germinação em estufa. Depois da germinação, as radículas são cortadas em uma máquina chamada degerminador e, a partir daí, passam a denominar-se malte.
- O lúpulo – é uma planta trepadeira oriunda da Europa Central. Para a elaboração da cerveja, usa-se a flor feminina da planta, que possui uma resina dourada de sabor amargo denominada lupolina.
- A levedura – é um fungo microscópico de nome *Saccharomyces cerevisiae*, cultivado na própria fábrica com equipamentos e em condições especiais. A levedura tem a função de transformar o açúcar do mosto (massa líquida composta dos elementos já citados) em álcool e gás carbônico.

As leveduras empregadas na fabricação de cerveja são de dois tipos:
- leveduras altas – tendem a elevar-se para a superfície do mosto durante a fermentação, produzindo uma cerveja de teor alcoólico mais elevado;
- leveduras baixas – tendem a permanecer no fundo durante a fermentação, produzindo uma cerveja de teor alcoólico mais baixo.

A fermentação realiza-se em uma tina hermeticamente fechada, onde se dá o desdobramento do açúcar do mosto em álcool e gás carbônico.

O processo de fermentação divide-se em duas fases:

- a primeira, chamada fase primária, dura cerca de dez dias;
- a segunda consiste na trasfega (transferência) do produto para os tanques, nos quais é mantido à temperatura de 0 °C, durante dois ou três meses, em fermentação secundária, em que se apura o sabor e satura-se o produto com o próprio gás (CO_2).

Depois desse processo a cerveja é filtrada em aparelhos especiais, sendo finalmente levada para os tanques das máquinas de enchimento de barris e garrafas.

As cervejas de alta fermentação e maior graduação alcoólica são conhecidas como *stout*, *porter* e *ale*.

As cervejas de baixa fermentação e menor graduação alcoólica são conhecidas como *lager* e *pilsener*.

As marcas de cerveja mais famosas no Brasil são: Brahma, Antarctica, Skol, Kaiser, Cerma, Cerpa, Serramalte e Schincariol, de teor alcoólico entre 4 e 5 °GL.

Champagne

O *champagne* é um vinho espumante natural com gás carbônico, resultante de uma segunda fermentação alcoólica em garrafas ou recipientes hermeticamente fechados. O verdadeiro *champagne* é elaborado a partir de castas de uvas *Pinot Noir*, *Pinot Meunier* e *Chardonnay*, produzidas numa área legalmente delimitada da região de Champagne, na França, e com teor alcoólico ao redor de 12 e 13 °GL.

Em geral, é elaborado predominantemente com uvas tintas, mas há casos em que é feito só com uvas brancas. A denominação *blanc de blancs* indica que o vinho foi elaborado apenas com uvas brancas; a denominação *blanc de noirs* indica que foi elaborado apenas com uvas tintas.

Considerado por muitos o melhor vinho do mundo, o *champagne* deve suas características aos tipos de uvas, ao solo e, principalmente, aos métodos de produção das uvas e de elaboração do vinho.

Pela legislação francesa, um vinho espumante só poderá ser chamado *champagne* se for produzido na região de Champagne, França. Qualquer outro, mesmo que elaborado pelo processo tradicional – *champenoise* –, deverá chamar-se *mousseux* (espumante).

Os vinhos espumantes podem ser elaborados por três métodos: o *champenoise*, o *charmat* e o *asti*. No Brasil, erradamente se produzem diversas marcas de vinho espumante com o nome *champagne*.

Método *champenoise*

Os melhores vinhos espumantes do mundo são elaborados por esse método; contudo, por ser um processo muito oneroso, torna-se cada vez mais raro o vinho espumante assim produzido. O verdadeiro *champagne* é feito por esse método.

O *champenoise* consiste em submeter o vinho jovem a uma segunda fermentação dentro da garrafa, tornando-o espumante. Ao vinho jovem é adicionado o *liqueur de tirage* – solução de açúcar, tanino e fermentos selecionados –, que vai provocar a segunda fermentação, produzindo gás carbônico, e aumentar o teor alcoólico do vinho.

A seguir, as garrafas são fechadas com rolhas fortes, presas com arame, para que não venham a explodir em virtude do aumento da pressão provocada pelo desprendimento do gás carbônico.

Essa fermentação dura aproximadamente três meses, mas as garrafas ficam nas adegas por mais dois ou três anos, antes de estarem prontas para o *remuage* (agitação).

O *remuage*, realizado durante cerca de dois meses, consiste em virar e agitar a garrafa um oitavo de volta por dia, e, geralmente, cada garrafa precisa completar no mínimo três voltas. Durante essa fase, as garrafas são colocadas em *pupitres* (prateleiras) de madeira, inicialmente na posição horizontal e, aos poucos, em posição inclinada até ficarem quase na vertical, a fim de que os sedimentos se encaminhem para o gargalo.

Em seguida, faz-se o *dégorgement*, que consiste em remover as impurezas do gargalo da garrafa e rolhá-la definitivamente.

Essa operação é feita congelando-se o gargalo da garrafa. Com o congelamento, as impurezas saem no estado sólido. Completa-se a garrafa com o vinho da mesma qualidade e adiciona-se o *liqueur d'expédition* – mistura de vinho velho, *cognac* e açúcar. Conforme a quantidade de *liqueur d'expédition*, obtêm-se os vários tipos de *champagne*: *brut*, *extra-sec*, *sec*, *demi-sec* e *doux*.

Método *charmat*

Quase todos os vinhos espumantes produzidos no Brasil atualmente são feitos por esse processo, que consiste em provocar a segunda fermentação do vinho em grandes recipientes fechados.

As castas de uvas mais utilizadas são: *Trebbiano*, *Peverela* e *Riesling Italico* todas do tipo *Vitis vinifera*.

Os recipientes utilizados – autoclaves – são geralmente de aço inoxidável, projetados para suportar pressões de até sete atmosferas, e possuem dispositivos de controle de temperatura, permitindo que a fermentação do vinho se desenvolva a uma temperatura de 10 e 14 °C.

Da mesma forma que no método *champenoise*, aqui são adicionados ao vinho o açúcar, o tanino, os fermentos e o vinho velho de qualidade superior para, em seguida, dar-se a segunda fermentação.

Essa fermentação dura de trinta a sessenta dias; ao término dessa fase, ocorrem a decantação e a filtração, para que, então, seja realizado o engarrafamento.

Antes do engarrafamento, o vinho espumante leva o *liqueur d'expédition*, que dá o teor de açúcar que se pretende.

O engarrafamento é efetuado a baixa temperatura e sob pressão para que o líquido não perca o gás. Após o engarrafamento, o vinho espumante é colocado para descansar durante alguns meses, antes de ser rotulado e encaminhado ao consumo.

Método *asti*

Este método, um tanto diferente dos anteriores, tem sua origem na cidade de Asti, na Itália, e consiste em produzir o vinho espumante por meio de uma única fermentação, nos vasos de pressão – autoclaves.

Geralmente, os vinhos espumantes do tipo *asti* são elaborados com uva moscatel, têm baixa graduação alcoólica – 7 a 10 °GL – e caracterizam-se pela suavidade. No Brasil, produzem-se diversos vinhos espumantes por este método.

Saquê

Apesar de muitos pensarem que é um destilado, na verdade o saquê, bebida muito antiga no Japão, é um fermentado de arroz com graduação alcoólica entre 14 e 18 °GL. Considerado uma bebida tipicamente japonesa, o saquê deve ser ingerido em pequenos goles, quente (40 °C aproximadamente), porque, com o calor, despertam-se seu aroma e seu sabor.

Segundo o hábito japonês, o saquê é servido em pequenas garrafas de porcelana chamadas *tokkury* e bebido em tacinhas de porcelana denominadas *sakazuky*. Essa bebida, embora bastante consumida (sobretudo em restaurantes japoneses e chineses), ainda não é fabricada no Brasil em escala industrial, sendo, geralmente, importada.

Vinho de mesa

É uma bebida alcoólica obtida pela fermentação do mosto da uva sã e madura, por meio de leveduras denominadas *Saccharomyces cerevisiae*. O vinho é uma das bebidas mais nobres e antigas do mundo, havendo referências de sua existência desde 3000 a.C. Produz-se vinho em quase todos os países do mundo, mas os melhores são os elaborados em alguns países da Europa, como Portugal, Espanha, França, Itália e Alemanha. Os países que produzem a maior quantidade de vinhos são França, Itália e Espanha, e os maiores consumidores *per capita* são França, Itália e Portugal. A qualidade do vinho depende basicamente do tipo de uvas utilizado na sua elaboração e da tecnologia empregada. Existem basicamente dois grandes grupos de uvas: *Vitis vinifera*, para vinhos finos de mesa, e *Americanas*, para vinhos comuns de mesa. Os vinhos de mesa podem ser brancos, tintos ou rosados e secos, *demi-secs*, suaves ou doces. Além dos vinhos de mesa, existem ainda os chamados vinhos especiais, como os vinhos espumantes (*champagne*), os fortificados (Porto e *sherry*) e os compostos (*vermouth*). O vinho é considerado uma bebida saudável, complemento alimentar e a melhor bebida para acompanhar uma refeição. O teor alcoólico dos vinhos de mesa e espumantes é de 10 a 13 °GL, dos fortificados, de 18 a 22 °GL e dos compostos, de 16 a 18 °GL.

Vinho fortificado

O vinho fortificado de sobremesa é habitualmente um vinho doce, adequado para acompanhar tortas, bolos e doces, ou como aperitivo. Seu método de fabricação varia conforme a região e o país; mas, em geral, sua produção é à base de vinho de mesa, ao qual se adiciona álcool vínico ou aguardente vínica, ocorrendo depois seu envelhecimento em tonéis de carvalho e nas garrafas.

Os vinhos fortificados de sobremesa mais famosos são os do tipo Porto e Madeira. Existem ainda outros vinhos doces considerados de sobremesa, como os *Banyuls*, *Barsac* e *Sauternes*, da França, os *Beerenauslesen* e os *Trokenbeerenauslesen*, da Alemanha e o *Tokaji*, da Hungria. Os autênticos vinhos de sobremesa – Porto e Madeira – têm uma graduação alcoólica que varia entre 16 e 20 °GL. A rigor, esses vinhos não são produzidos no Brasil.

O *sherry* ou Jerez é o vinho branco seco fortificado mais famoso de todo o mundo. É produzido na Espanha.

Tipos de vinho fortificado

Banyuls

Tipo de vinho fortificado, doce, produzido na localidade do mesmo nome na região do Midi, ao sul da França, a partir das uvas grenache. É um produto de pouca expressão mesmo para os franceses, que preferem os Porto, Madeira e *sherry* ou Jerez.

Lacrima Christi

Vinho fortificado, geralmente seco, produzido com uvas das vinhas cultivadas nas encostas do monte Vesúvio, na Itália. Pode ser branco ou tinto, é macio e de cor dourada.

Madeira

Vinho fortificado feito na ilha do mesmo nome. O vinho Madeira, que pode ser branco ou tinto, seco ou suave, é produzido adicionando-se aguardente vínica ao vinho básico, nas quantidades determinadas pelos enólogos. A seguir, o vinho vai para o amadurecimento e envelhecimento em tonéis de carvalho, por tempo determinado pelos técnicos, conforme o tipo de vinho que se pretende produzir.

Outra característica do Madeira relaciona-se com os primeiros quatro ou cinco meses de amadurecimento, período durante o qual o produto é submetido a uma temperatura de 40 a 50 °C. As castas de uvas utilizadas são as seguintes: *Sercial, Boal, Verdelho, Malvasia Roxa, Tinta de Madeira* e *Negra Mole*.

Existem basicamente quatro tipos de Madeira: sercial, malvasia, verdelho e boal. O sercial é seco, leve, de cor clara, perfumado, e deve ser degustado entre os oito e dez anos de idade. O malvasia é bastante doce, espesso e com perfume acentuado, recomendado como vinho de sobremesa. O verdelho e o boal são tipos intermediários; o verdelho aproxima-se mais do sercial, e o boal, do malvasia.

Málaga

Tipo de vinho fortificado, feito na Espanha, com uvas frescas e secas. Seu nome explica-se pelo fato de ele ter sido inicialmente produzido na cidade de Málaga. Geralmente é bem escuro e doce.

Marsala

Vinho fortificado de origem italiana, que deve seu nome ao porto de Marsala, na Itália. É muito usado na cozinha, podendo ser seco ou doce; esse último tipo é o mais apreciado.

Porto

Sem dúvida alguma, entre os vinhos fortificados de sobremesa, o Porto é o mais nobre. O vinho do Porto é produzido na região demarcada do Douro e deve seu nome à cidade portuguesa do mesmo nome. Apesar de português, foi criado para os ingleses numa época em que a Inglaterra estava em guerra com a França. O acordo entre Portugal e Inglaterra, formalizado pelo Tratado de Methuen em 1703, previa que Portugal venderia à Inglaterra a maior parte de sua produção de vinho do Porto e, em troca, compraria a lã inglesa.

- Processo de fabricação – o processo de fabricação do Porto é praticamente igual ao dos outros vinhos fortificados de sobremesa:
  - ao mosto ainda em fermentação acrescenta-se certa quantidade de aguardente vínica, que, quando adicionada, interrompe a fermentação, proporcionando um vinho doce pelo açúcar residual;
  - é produzido a partir do corte de vários tipos de vinho de diversas idades, exceto o *vintage*, que é produzido com as uvas de uma única colheita;
  - na maioria das vezes, seu amadurecimento é feito em tonéis de carvalho, por tempo que varia de três a trinta anos, conforme a legislação de cada tipo de vinho.
- Castas de uvas regionais – as castas de uvas mais tradicionais da região são: *Bastardo*, *Donzelinho Tinto*, *Mourisco*, *Touriga Francesa*, *Tinta Roriz*, *Touriga Nacional*, *Tinta Amarela*, *Tinta Barroca*, *Esgana Cão*, *Folgazão*, *Malvasia Fina*, *Rabigato*, *Codega* e *Gouveio*.
- Classificação – quanto ao processo de envelhecimento e cor, o Porto classifica-se em:
  - envelhecimento em garrafa:
    - *vintage* – vinho de uma só colheita, de reconhecida qualidade; é engarrafado entre o segundo e o terceiro ano de idade. É o melhor de todos.
  - envelhecimento em tonel de carvalho:
    - *red* (tinto) – novo e doce;
    - *ruby* (tinto aloirado) – menos novo, doce, com aroma frutado;
    - *tawny* (aloirado) – mais velho e menos doce;
    - *white* (branco) – mais leve e com menos corpo, aroma delicado, podendo ser seco ou doce;
    - com indicação de idade – são tipos de muito boa qualidade, com designações entre dez, vinte, trinta e mais de quarenta anos de idade;

- *Late Bottled Vintage* (*LBV*) – vinho de uma só colheita, de excelente qualidade, engarrafado entre o quarto e o sexto ano de idade.

Sherry, Jerez, Xérèz

Vinho fortificado produzido na região de Jerez de la Frontera, em Andaluzia, no sul da Espanha. Como a maioria dos vinhos fortificados, o *sherry* é resultante da adição do *brandy* ao vinho comum, com posterior envelhecimento em tonéis de carvalho. O processo de envelhecimento e amadurecimento é idêntico ao do Madeira, sendo conhecido como sistema *solera*. Consiste na contínua substituição de um terço do vinho que está no tonel por vinho novo do mesmo tipo. Depois de sucessivas substituições, atinge-se o equilíbrio desejado.

▶ Classificação – o *sherry* pode ser assim classificado:
- fino – seco, cor clara, levemente encorpado, com aroma penetrante;
- fino/*amontillado* – quando envelhecido, toma a coloração escura; seu paladar e aroma parecem-se com os dos vinhos de amontilla;
- palo cortado – raro, pouco conhecido e pouco exportado.

AS BEBIDAS DESTILADAS

Absinto

Aperitivo pertencente ao grupo dos anisados, extremamente forte, obtido através da infusão de ervas – principalmente o absinto – em álcool. Originário da Suíça e adotado pela França, o absinto foi largamente consumido até que foi proibido em quase todos os países do mundo por ser considerado prejudicial à saúde. Na época de seu consumo, dizia-se que tinha poderes afrodisíacos, enquanto seu ingrediente ativo (*Artemisia absinthium*) foi acusado de causar loucura e morte quando ingerido em grandes quantidades.

O absinto voltou agora a ser produzido em diversos países, mas com graduação alcoólica menor.

Na atualidade, principalmente na Europa, produzem-se bebidas semelhantes ao absinto, cujas marcas principais são Pernod, Pastis e Ricard. Os principais ingredientes utilizados nessas bebidas são anis, alcaçuz e erva-doce, macerados no álcool. O teor alcoólico do absinto chegava aproximadamente a 70 °GL.

Aguardente

Nos países de língua portuguesa, aguardente é o nome que geralmente se dá às bebidas destiladas fortes. No Brasil, a mais consumida é a famosa aguardente de cana, que também tem os nomes de *cachaça* ou *pinga*, entre outros. Essas bebidas são fabricadas a partir de vários tipos de matérias-primas, como frutas, cereais, vinho, etc. Umas nobres, outras mais simples, as aguardentes são sempre bebidas fortes, com graduação alcoólica que varia de 30 a 45 °GL.

Existem basicamente dois grandes grupos de aguardente: as denominadas aguardentes brancas, que não são amadurecidas em tonéis de madeira; e as aguardentes de buquê, que são amadurecidas e envelhecidas em tonéis de carvalho, por tempo bastante variável.

Como regra geral, as aguardentes brancas são usadas na composição de *cocktails*, e as aguardentes de buquê são consumidas como aperitivo ou após as refeições.

No Brasil, produzem-se muitos tipos e marcas de aguardente, que podem ser divididos em dois grupos:

- Aguardentes nativas – fabricadas com os diversos produtos de cada região.
- Aguardentes clássicas, de fama internacional – fabricadas sob licença das respectivas matrizes.

Aguardiente

Bebida espanhola forte e rude, destilada de bagaço de uvas (cascas, sementes e engaços), correspondente à bagaceira portuguesa ou à *grappa* italiana.

Akvavit, Aquavit, Acquavite

Nos países escandinavos é este o nome que se usa para designar as bebidas destiladas fortes, qualquer que seja a matéria-prima com que são produzidas. Na Dinamarca, a marca mais famosa é Aalborg, elaborada a partir da destilação de batatas ou de cereais e aromatizada com cariz e endro. A *akvavit* deve ser bebida supergelada.

Aliziergeist

Tipo de *eau-de-vie* produzida na França, especificamente na região da Alsácia, com os frutos da sorveira.

Apple brandy

Nome inglês de uma aguardente de maçã obtida pela destilação de cidra. A melhor aguardente francesa obtida da cidra é o calvados, e a versão americana chama-se *apple brandy*.

Applejack

É um *brandy* de maçã, produzido nos Estados Unidos e muito popular naquele país. Pode ser consumido puro ou em *cocktails*. Na França, chama-se *eau-de-vie* e o mais conhecido é produzido numa região demarcada na Normandia que tem seu nome: Calvados.

Apricot brandy

Aguardente seca, obtida pela destilação de suco de abricó. O mais célebre *apricot brandy* é o Barack, feito na Hungria.

Arak, Arrack, Arrak, Raki

Nomes genéricos de origem árabe, utilizados para denominar bebidas destiladas nos países do Oriente Médio, na Índia oriental, na Grécia, no Egito e na Indonésia. Considerada uma aguardente indígena, o *arak* pode ser fabricado de seiva de palmito, arroz, cereais ou tâmaras. Na ilha de Java, Indonésia, é produzido um dos tipos mais famosos do mundo, feito à base de arroz e melaço de açúcar e posteriormente envelhecido, de sete a dez anos, em tonéis de madeira.

Árdine

Aguardente de abricó feita pela firma Bardinet, em Bordeaux, França.

Armagnac

O *armagnac* e o *cognac* são considerados as duas melhores aguardentes vínicas do mundo. A região de Armagnac, que fica no sudoeste da França, é composta de três sub-regiões: Bas-Armagnac, Ténarèze e Haut-Armagnac. A região de Armagnac tem clima quente e solo arenoso e escarpado. O *armagnac*, que é produzido nos municípios de Gers e Landes, é destilado de vinhos brancos extraídos das castas de uvas *Saint-Émilion, Colombard, Jurançon, Picpoul, Baco* e *Folle Blanche*. Além dessas castas de uvas, existem outras, com menos importância, que também fazem parte do rol das uvas do *armagnac*. Por ser uma aguardente produzida em quantidade muito menor que a do *cognac*, o *armagnac* é pouco exportado e pouco conhecido fora da França. Quantidades à parte, o certo é que, assim como existem grandes *cognacs*, existem também grandes *armagnacs*; a diferença é que os *cognacs* geralmente têm grande fama mundial. Todos os *armagnacs* são envelhecidos em tonéis de carvalho, variando o tempo de envelhecimento conforme a empresa.

Artichoke brandy

Aguardente francesa feita de alcachofras de Jerusalém. Outra bebida famosa de alcachofra é o Cynar, de origem italiana.

Asbach

É um *brandy* de vinho, alemão, famoso, feito em Rudesheim, na região do Reno. Como os *brandies* franceses, esse *brandy* é envelhecido durante um certo tempo, em tonéis de carvalho do tipo *limousin*. Existem na Alemanha outras marcas de *brandy* também famosas, como o Dujardin e Scharlachberg.

Athol Brose

Bebida escocesa feita com *whisky*, mel e aveia.

Bagaceira

Nome usado em Portugal e também no Brasil para designar uma aguardente rude e forte, feita de bagaço de uvas (cascas, sementes e engaços). É a bebida forte mais barata em Portugal. Pode ser melhorada com o envelhecimento em tonéis de carvalho ou com a adição de aguardente vínica.

Bailey's Irish cream

Whisky com sabor de chocolate produzido na Irlanda. É de consistência espessa e cremosa e de baixo teor alcoólico.

Bartzch

Aguardente produzida pela fermentação de ervas no norte da Ásia. São ervas que não têm outra utilização conhecida a não ser para essa bebida.

Basi

Aguardente feita nas Filipinas a partir de cana-de-açúcar fermentada.

Basler Kirschwasser

Aguardente de cerejas, suíça, parecida com o *Kirsch*.

Batavia-arrack

É o *arrack* de Batávia, na ilha de Java.

Batzi

Aguardente de maçã, suíça, equivalente ao calvados francês e ao *applejack* americano.

Borovicka

Aguardente da Europa Oriental, semelhante ao *Steinhäger* alemão e ao *gin*.

Brandy

Nome genérico, em diversos idiomas e em diversos países, que denomina uma bebida alcoólica, destilada de frutas ou de vinho. Em quase todos os idiomas do norte da Europa, *brand* significa "queimar", termo derivado do hábito de submeter bebidas ao fogo para torná-las mais fortes e com aroma diferente. Dessa forma, qualquer bebida destilada de frutas é um *brandy*. Os *brandies*, que os franceses chamam de *eau-de-vie*, são geralmente produzidos a partir de maçãs, peras, uvas, ameixas, framboesas e cerejas. Na linguagem coloquial, a palavra *brandy* é a mais utilizada para designar aguardente vínica em diversos países.

Buzza

Aguardente egípcia produzida de uma fruta local denominada *datte*.

Cachaça

Aguardente típica do Brasil, destilada de cana-de-açúcar. É a aguardente nacional mais consumida e mais acessível à população de baixa renda. Em diversos países sul-americanos produz-se uma bebida semelhante, com o nome genérico de *aguardiente*. A cachaça começa sua história na época da colonização do Brasil, quando, nos antigos engenhos de açúcar, o refugo da produção era dado aos animais e aos escravos. Estes deixavam a borra do melaço fermentar por alguns dias, inventando assim a cachaça primitiva. A cachaça, como a maioria das aguardentes, pode também ser envelhecida em tonéis de carvalho, o que melhora seu aroma e sua qualidade.

Calvados

O calvados é um *brandy* destilado de maçãs, produzido na região demarcada na Normandia, França. É um *brandy* clássico, considerado um dos melhores do mundo, mas muito pouco conhecido no Brasil. Envelhecido em tonéis de carvalho por um ano no mínimo, o calvados é uma bebida seca e de aroma sutil. Os *brandies* de maçã produzidos fora da região demarcada de Calvados são chamados *eau-de-vie de cidre*.

Cognac

O *cognac* é, sem dúvida, a aguardente vínica mais famosa do mundo. Seu nome é o de uma localidade (Cognac) da província de Charente, França, dividida em seis sub-regiões, enumeradas, a seguir, por ordem de qualidade e na proporção de sua capacidade produtiva:

Grande Champagne*	14,65%
Petite Champagne	15,98%
Borderies	4,53%
Fins Bois	37,82%
Bons Bois	22,19%
Bois Ordinaires	4,83%

* A palavra Champagne, mencionada para designar as regiões onde se produz o cognac, não tem nenhuma relação com o vinho espumante da região de Champagne.

A designação *Fine Champagne* só pode ser utilizada quando as aguardentes provêm da Grande Champagne e da Petite Champagne, por serem estas as melhores produtoras. Todo *cognac* é destilado duas vezes e, pela lei, deve ser envelhecido em tonéis de carvalho por três anos no mínimo, embora a maior parte da produção permaneça quatro anos nos tonéis.

Atualmente o *cognac* V.S.O.P. (*Very Superior Old Pale*) é mantido por cinco anos em tonel. A atual legislação francesa para o *cognac* não permite que se mencione, na etiqueta, um envelhecimento maior que sete anos. Entretanto, encontram-se ainda hoje no mercado diversos *cognacs* com certificado de garantia de um envelhecimento muito superior ao atual, que pode variar de dez a trinta anos.

Tabela de classificação dos *cognacs* antigos

***	Three Stars	5 a 10 anos
V.O.	Very Old	10 a 15 anos
V.O.P.	Very Old Pale	15 anos no mínimo
V.S.O.P.	Very Superior Old Pale	20 anos no mínimo
V.V.S.O.P.	Very Very Superior Old Pale	25 anos no mínimo
X.O.	Extra Old	30 anos no mínimo

Corenwijn

Aguardente típica holandesa, destilada de centeio, milho e cevada, sendo posteriormente envelhecida em tonéis de madeira por vários anos.

Dop brandy

Aguardente de bagaço de uvas da África do Sul.

Douzico

Aguardente turca do tipo do Kummel.

Eau-de-vie

Termo genérico francês utilizado para todos os *brandies*. Apesar da generalidade, os franceses utilizam o termo *eau-de-vie* principalmente para as aguardentes de frutas, também chamadas *álcoois brancos*. No Brasil, é conhecida como *aguardente*.

Finlândia

Tipo de *vodka* forte e popular, fabricada na Finlândia.

Fraise

Palavra francesa que significa "morango"; utilizada para denominar a aguardente obtida dessa fruta.

Framboise

Termo usado para denominar as aguardentes feitas de framboesa.

Gin

Aguardente branca, destilada de cereais e aromatizada principalmente por uma frutinha chamada zimbro. A palavra *gin* deve ter vindo de um dos vocábulos que significam zimbro: *juniper* (inglês), *jenever* (holandês), *ginepro* (italiano) e *genièvre* (francês). Além do zimbro, o *gin* leva, em sua aromatização, coentro, raiz de angélica, funcho, cardamomo, raiz de lírio e outras ervas e plantas. Os maiores produtores mundiais de *gin* são a Inglaterra e a Holanda.

São os seguintes os principais tipos de *gin*:

- *London Dry Gin* – o mais seco dos *gins* ingleses;
- *Old Ton Gin* – levemente doce, de procedência americana;
- *Genebra* – macio e de baixo teor alcoólico, de procedência holandesa.

Ginger brandy

Aguardente produzida na Grã-Bretanha com gosto de gengibre.

Glenfiddich

É a marca de *whisky* do tipo *straight* ou *single* mais famosa internacionalmente.

Grappa

Tipo de aguardente rude, feita de bagaço de uvas, produzida na Itália e na Califórnia. Quando nova, essa bebida é muito ardente; fica mais macia com o envelhecimento em tonéis de madeira.

Jamaica run

Termo usado na Inglaterra para designar o rum tradicional da Jamaica.

Jenever

Nome genérico para designar o *gin* na Holanda.

Kirsch, Kirschwasser

Brandy famoso, fabricado na França, Suíça e Alemanha a partir de cerejas. Na França, denomina-se *Kirsch* e, na Alemanha, *Kirschwasser*. O *Kirsch* mais famoso é fabricado na região da Floresta Negra.

Kislav

Aguardente russa feita à base de melancia.

Klarer

Termo genérico usado na Alemanha para designar o destilado claro de milho (*schnapps*) ou o *gin* do tipo *Steinhäger*.

Korn

Aguardente clara, destilada de cereais e originária das montanhas Harz, no norte da Alemanha. Por vezes, o *Korn* pode ser envelhecido em tonéis de madeira. Geralmente, acompanha a cerveja.

Kornbranntwein

Aguardente feita na Alemanha e na Holanda de cereais fermentados, principalmente o centeio.

Krupnik

Tipo de *vodka* bastante rude, aromatizada com mel, produzida nos países eslavos.

London Dry Gin

Gin inglês, considerado o melhor do mundo. Seus aromatizantes são: zimbro, coentro, raiz de angélica, cascas de laranja e limão, amêndoas e cascas de árvores como a cássia e a canela.

Marc

Termo francês usado para designar a aguardente feita do bagaço das uvas (cascas e sementes), na França e na Suíça. É uma aguardente rude, podendo ser melhorada com o envelhecimento em tonéis de carvalho.

Metaxa

É um *brandy* grego, feito de vinho. Metaxa é também o nome da destilaria que o fabrica.

Mezcal

É uma aguardente produzida no México com a planta do mesmo nome (espécie de agave). Quando é produzida na cidade de Tequila, denomina-se *Tequila*.

Mirabelle

Tipo de aguardente feita com ameixas amarelas, envelhecida em tonéis de madeira. É produzida sobretudo na França, Suíça e Alemanha; a marca mais famosa é a Mirabelle de Lorraine.

Mow Toy

Aguardente rude, destilada de cereais, produzida em Hong Kong.

Okolehao, Oke

Aguardente destilada de arroz e aromatizada com raízes, produzida no Havaí.

Peche

Aguardente obtida pela destilação de pêssegos, feita em diversos países.

Pisco

Tipo de aguardente feito de bagaço de uvas ou de vinho moscatel, envelhecido em recipientes de barro. *Pisco* é nome de um pássaro no idioma quíchua e é também nome de uma tribo no Peru que fazia ânforas revestidas de cera de abelha para transportar a bebida. O pisco é produto originário do Peru, mas é também fabricado e consumido largamente no Chile e na Bolívia, bem como em algumas regiões dos Estados Unidos. Geralmente tem aroma de cera de abelha.

Poire

Aguardente feita de peras, na Suíça e na França. A Williams ou Williamine produzida na Suíça é a *poire* mais famosa do mundo. As garrafas da Williams são presas às pereiras, de maneira que as peras nasçam e se desenvolvam dentro das garrafas até o amadurecimento, quando são retiradas das árvores e preenchidas com a aguardente feita das peras Williams.

Pomace, Pomace brandy

Nome usado na Inglaterra para designar a aguardente de bagaço de uvas. *Pomace brandy* é também usado nos Estados Unidos, mas lá é mais comumente chamado de *grappa*.

Pomme

Aguardente comum na França e Suíça, feita de maçãs.

Prunelle

Aguardente de ameixas, feita na região do Loire e na Alsácia, na França.

Pulque

Aguardente produzida no México, a partir da seiva de mezcal. É conhecida como a "bebida dos astecas".

Quetsch, Quetsche

Aguardente de boa qualidade, produzida na Suíça com ameixas azedas.

Raki

Termo genérico usado na Turquia para definir qualquer destilado forte. *Raki* é também uma variação das palavras *arak*, *arrack* e *arrak*.

Rum, Rhum ou Ron

O rum, que forma com a pinga o par das mais autênticas aguardentes tropicais, teve sua origem na colônia de São Domingos, na América Central, no século XVI, durante a colonização espanhola. A partir daí, os povos das ilhas do Caribe, de Cuba, da Jamaica, de Porto Rico e até mesmo das Guianas conheceram e adotaram essa bebida, que primitivamente era de uma aspereza muito grande.

Nas Antilhas, que então eram chamadas de Índias Ocidentais (por seus descobridores acreditarem que haviam atingido a costa ocidental da Índia), os colonos ingleses e franceses (na maioria, delinquentes banidos da metrópole pela justiça ou raptados pelas companhias encarregadas de agenciar colonos com o objetivo de explorar a agricultura da terra recém-descoberta) difundiram largamente o rum e, aos poucos, o aprimoraram. Nesses tempos, a graduação alcoólica do rum chegou a atingir níveis assustadores, sendo prova de virilidade a ingestão de excessivas doses da bebida.

O rum é derivado da cana-de-açúcar, planta que se adaptou muito bem às condições climáticas das Antilhas, onde chega a atingir três metros de altura. Cuba, Jamaica, Martinica, Barbados, Porto Rico, Haiti e Trinidad e Tobago são os países que mais produzem e consomem rum.

A cana-de-açúcar é oriunda da bacia do Ganges, na Índia. Sua cultura foi introduzida no Ocidente pelos gregos, na época de Alexandre, o Grande, e mais tarde pelos árabes, que a cultivaram na África do Norte. Existem dados históricos que afirmam terem sido os venezianos os primeiros a utilizarem o açúcar de cana na Europa, na época das Cruzadas, durante a

Idade Média. No continente americano, a cana foi inicialmente cultivada nas Antilhas, de onde se alastrou pelas Américas Central e do Sul, mais precisamente pelo Brasil.

O rum é fabricado a partir da fermentação do melaço de cana-de--açúcar, através da adição de leveduras produzidas nos laboratórios das próprias destilarias; para cada tipo de fermentação é necessário um tipo de levedo. Após a fermentação é feita a destilação, que resulta em produto incolor e de teor alcoólico elevado. Em alguns casos, é preciso que se destile esse produto até três vezes para que se obtenha uma qualidade melhor. Depois da destilação é feita a retificação, que consiste na adição de água destilada até ser atingida a graduação desejada, para posterior envelhecimento em tonéis de carvalho.

Existem basicamente duas variedades de rum:

- Rum do tipo leve – envelhecido por pouco tempo, é produzido em duas versões: dourado (*carta oro*) e transparente (*carta blanca*, cujo líder mundial é o Bacardi).
- Rum encorpado – mais forte, é envelhecido em tonéis de carvalho escuro, por períodos que variam de dois a quinze anos.

Tipos de rum

- Rum cubano – rum de tipo leve, que pode ser de cor dourada ou branca (*carta oro* ou *carta blanca*).
- Rum da Jamaica – é o mais forte e mais encorpado de todos os runs. Geralmente o rum da Jamaica é exportado para a Inglaterra, onde é misturado (*blended*) e envelhecido em tonéis de carvalho por muitos anos.
- Rum da Martinica – é um rum típico do Caribe de língua francesa, encorpado, feito do suco de cana, no lugar do melaço.
- Rum de Barbados – rum de boa qualidade, mais leve que os outros, de sabor acentuado e que pode ser envelhecido por longos anos.
- Rum de Porto Rico – rum leve, de boa qualidade. A marca mais famosa é o rum Bacardi.

▶ Rum do Haiti – rum leve, de ótima qualidade, em que se utiliza suco de cana no lugar do melaço.

Schnapps

No norte da Europa, esse nome é usado genericamente para designar uma aguardente branca, geralmente feita de cereais. A Bols holandesa produz uma bebida, em diversos países, chamada Aromatic Schnapps.

Slivovitz

Nome comum, em diversos países da Europa, para designar uma aguardente de ameixas, de alta qualidade. É o *drink* mais usado na Iugoslávia. É feita apenas com ameixas de árvores com mais de 20 anos de idade, sendo os caroços também utilizados na produção. Pode ser melhorada, quando envelhecida em tonéis de madeira.

Sochou

Aguardente chinesa obtida pela destilação do saquê.

Steinhäger

Tipo de *gin* alemão, bastante conceituado, cuja principal matéria-prima é o zimbro. A fruta é submetida inicialmente à maceração e fermentação e, posteriormente, à destilação e redestilação. O nome *Steinhäger* origina-se de uma cidade alemã de mesma denominação.

Tequila

Sendo, sem dúvida alguma, o *drink* nacional do México, a tequila é uma aguardente produzida da seiva do mezcal, uma planta babosa do gênero agave ou *Maguey*. O nome *tequila* origina-se de uma cidade de igual denominação que fica nas montanhas da Sierra Madre, no estado de Jalisco. A tequila pode ser melhorada, se envelhecida em tanques revestidos de cera ou tonéis de carvalho. O *cocktail* mais famoso que se prepara à base de tequila é o Margarita.

Tiquira

Aguardente brasileira muito pouco conhecida feita a partir da mandioca.

Tuíca

Aguardente feita de abrunhos (ameixas) produzida na Romênia. Pouco conhecida internacionalmente.

Vodka

Provavelmente, as bebidas alcoólicas tiveram sua origem quando o homem experimentou, pela primeira vez, os efeitos provocados por uma fruta fermentada. A *vodka* surgiu entre os povos eslavos e, desde o princípio, era chamada de aguazinha, uma maneira carinhosa de reverenciar a bebida que os ajudava a suportar o frio intenso.

Tecnicamente, ela não precisa de um produto específico para ser elaborada; qualquer elemento pode ser utilizado, desde que se preste à transformação em álcool etílico.

Na Rússia e na Polônia, já no século XIV, a fabricação de bebidas utilizava métodos semelhantes às técnicas da química moderna.

No princípio, a *vodka* era obtida a partir de qualquer vegetal que fosse prático, barato e abundante; depois, os fabricantes russos e poloneses começaram a elaborá-la por um processo de síntese química: produzia-se um álcool puro, redestilado e retificado com o acréscimo de água destilada. Tal método é usado ainda hoje na fabricação da *vodka* polonesa. O resultado é uma bebida incolor e de sabor neutro.

Nos Estados Unidos, a *vodka* teve de ser definida legalmente, segundo as leis ali vigentes. Classificaram-na como álcool neutro destilado de qualquer matéria e diluído em água, na proporção de 55%, necessitando ser filtrado em carvão vegetal pelo tempo mínimo de oito horas. Essa filtragem lhe dá as características que a lei americana exige em relação a aspecto, aroma e sabor.

Entre as diversas matérias-primas usadas na destilação dessa aguardente branca, as principais são os cereais, sendo também utilizadas em menor escala a batata e a beterraba.

Existem basicamente dois tipos de *vodkas*:

- ▶ as neutras, das quais a Smirnoff é a principal marca em todo o mundo;
- ▶ as aromatizadas, das quais a Zubrowka, fabricada sobretudo nos países da ex-União Soviética e na Polônia, é a mais famosa.

Whisky

O *whisky* é uma aguardente nobre de fama mundial, obtida da fermentação e destilação de diversos cereais, como cevada, milho, trigo e centeio. Todos os *whiskies* são amadurecidos em tonéis de carvalho por tempo variável (medido em anos), de acordo com o tipo de produto que se pretende obter. O mais famoso *whisky* é o escocês.

O *whisky* deve sua origem ao povo céltico, que habitou as montanhas da atual Escócia. A palavra *whisky* é oriunda do gaélico *uisge-beatha*, que significa "água da vida".

Ele foi para os celtas o que o vinho foi para os latinos da faixa mediterrânea, sendo uma bebida de grande tradição entre os escoceses.

A história do *malt whisky* começa com a queda dos celtas. Os sábios do leste acreditavam e divulgavam que a mistura de álcool e cereais, cuja combinação deu origem ao *whisky*, propiciava longevidade.

Hoje até mesmo os egípcios fazem uma espécie de *whisky*, conhecido pelo nome de *bolonachi*. Entretanto, há muitos séculos é elaborado um "espirituoso" destilado da cevada fermentada nas chamadas "terras altas" (*highlands*) da Escócia, onde existe, em abundância, uma das principais matérias-primas, que é a cevada, e algumas características que a natureza generosamente oferece: o ar puro das montanhas, a água que brota nas nascentes graníticas e as ricas turfas pantanosas, que são elementos indispensáveis para a elaboração de um bom *whisky*.

Há ainda a versão de alguns estudiosos do assunto de que o *whisky* era primitivamente destilado no Oriente, passando depois para a Escócia.

Histórias à parte, o fato é que, hoje, o *whisky* é uma das bebidas mais consumidas no mundo e se encontra em qualquer bar.

Scotch whisky

- Processo de fabricação:
  - coloca-se a cevada para germinar;
  - coloca-se a cevada para secar num fogo de *peat* – espécie de carvão vegetal chamado turfa – que dá ao *scotch* um sabor *fumé* muito característico;
  - a cevada germinada, que recebe então o nome de malte, é transferida para uma tina com água quente, chamada *mash tun*, na qual ocorre a fermentação;
  - o produto obtido da fermentação é, em seguida, destilado e redestilado, tornando-se um *whisky* verdadeiro;
  - a última etapa consiste no amadurecimento e no envelhecimento da bebida em tonéis de carvalho, por um período de tempo que varia de três a trinta anos.
- Tipos de *whisky* escocês quanto à matéria-prima:
  - *malt whisky*, *straight* ou *single* – *whisky* produzido exclusivamente de cevada;
  - *grain whisky* – *whisky* destilado de grãos (cereais diversos);
  - *blended whisky* – *whisky* obtido da mistura do *malt whisky* com *grain whisky*. A maioria dos *whiskies* escoceses é *blended*.
- Tipos de *whisky* escocês quanto ao envelhecimento:
  - *standard* – 3 a 8 anos;
  - *reserve* ou *deluxe* – 12 anos;
  - *special* – 12 a 15 anos;
  - *premium* – 17 a 60 anos.

Irish whiskey

O *whiskey* irlandês tem algumas diferenças em relação ao escocês, principalmente devido à situação geográfica do país e do processo de produção. No lugar da turfa, usa-se carvão, que não exerce influência sobre o sabor da bebida. A Escócia defuma o malte enquanto a Irlanda não usa esse processo.

Outra diferença entre ambos baseia-se na tripla destilação, que lhe dá certa leveza e sabor puro, e nos ingredientes utilizados, que lhe dão um sabor acentuado de centeio, ao contrário do *Scotch*, que tem aroma e sabor muito peculiares. A Irlanda possui as destilarias mais antigas do mundo e foi o primeiro país a produzir *whiskey* na Idade Média.

American whiskey

Bourbon whiskey

Whiskey produzido no município de Bourbon, no estado de Kentucky, Estados Unidos. O *bourbon*, pela legislação, deve ser produzido com pelo menos 51% de milho e o restante de outros cereais. É envelhecido, por dois anos ou mais, em tonéis de carvalho americano branco e queimado.

Corn whiskey

Whiskey americano feito com pelo menos 80% de milho e envelhecido em tonéis de madeira.

Rye whiskey

Whiskey americano produzido com pelo menos 51% de centeio e o restante de outros cereais. É envelhecido em barris de carvalho escuro por um ano, no mínimo.

Tennessee whiskey

Whiskey americano do tipo *bourbon* produzido no estado do Tennessee, com pelo menos 51% de um só cereal, geralmente o milho. A marca mais conhecida mundialmente é Jack Daniel's.

Canadian whisky

Whisky canadense, parecido com o americano, porém mais leve e menos encorpado. Tem sabor acentuado de centeio, por ser este o principal cereal de sua preparação.

Zubrowka

Tipo de *vodka* polonesa, aromatizada com uma erva selvagem, preferida do bisão europeu, e que traz no rótulo a foto desse animal. Cada garrafa autêntica tem um galhinho dessa erva no seu interior.

AS BEBIDAS COMPOSTAS OU POR INFUSÃO

Anisado

Termo genérico para definir bebidas substitutas do absinto. O absinto era uma bebida originária da Suíça, produzida a partir da *Artemesia absinthum*, e apresentava teor alcoólico altíssimo (até 70 °GL). Por ser muito forte, o absinto, também considerado afrodisíaco, foi banido de todos os países, por supor-se que causava a loucura e até a morte, se tomado em grandes quantidades.

Os anisados são obtidos por meio da infusão, no álcool neutro, de plantas aromáticas, como o anis, o alcaçuz e a erva-doce, e têm teor alcoólico que varia de 40 a 45 °GL. De maneira geral, eles não são servidos puros: mistura-se uma parte de anisado com quatro ou cinco partes de água e gelo.

Tipos de anisado

Anesone

Bebida italiana, aromatizada com anis e alcaçuz, semelhante ao Pastis e ao Pernod franceses.

Anis

Termo genérico usado na Espanha e em Portugal para designar bebidas aromatizadas com a erva do mesmo nome. Geralmente são doces, em forma de licores, existindo também as secas. Na Espanha, além do anis, há o *ojen*.

Ouzo

Bebida grega comparável ao Pastis e ao Pernod franceses.

Pastis

Tipo de anisado muito parecido com o Pernod, mas com gosto mais acentuado de alcaçuz. Serve-se diluído em água gelada na proporção de cinco partes de água para uma da bebida, adicionando-se cubos de gelo ou gelo moído. Ricard é a marca mais conhecida principalmente na região de Provence, na França.

Pernod

É o substituto original do absinto, sendo também o mais famoso. É um aperitivo muito popular na França e na Suíça. Serve-se da mesma forma que o *pastis*, mas, no sul da França e no norte da Espanha, é tomado também como licor.

Bitter

Termo inglês que significa "amargo". No bar, usa-se para designar bebidas geralmente amargas, feitas de raízes de plantas, frutas e cascas de árvore maceradas em álcool neutro. Seus principais ingredientes são a laranja, a genciana e o quinino. Existem diversos tipos de *bitter*, prestando-se a diversas finalidades, com teor alcoólico entre 20 e 45 °GL.

A seguir, listam-se algumas marcas e seus locais de origem.

Como ingredientes de *cocktails*:

- *Angostura* (Trinidad e Tobago);
- *Péychaud* (França, América do Norte);
- *Underberg* (Alemanha).

Semelhantes aos *vermouths*, para aperitivo:

- *Amer Picon* (França);
- *Campari* (Itália).

Para aperitivo ou digestivo:

- *Fernet Branca* (Itália, França);
- *Jägermeister* (Alemanha).

Bitters doces:

- *China-Martini* (Itália);
- *Calisay* (Espanha).

Sob licença das matrizes fabricam-se, no Brasil, diversas marcas e tipos de *bitter*, incluindo-se aí o Campari, de todos o mais famoso.

Tipos de *bitter*

Amaro

Nome genérico, na Itália, para designar bebidas amargas do tipo *bitter*. Os amaros são produzidos à base de ervas, plantas e raízes de árvores, apresentando, na maioria das vezes, cor marrom-escura. Existem inúmeras marcas de amaros na Itália, com graduação alcoólica muito variada (de 20 a 45 ºGL).

Amer Picon

Tipo de *bitter* francês à base de laranja e genciana. Serve-se com gelo, soda e uma fatia de laranja.

Angostura

É o mais famoso dos *bitters* patenteados. Inicialmente era feito na cidade de Angostura, na Venezuela, e posteriormente passou a ser produzido em Trinidad e Tobago. É feito à base de genciana e usado, no bar, como ingrediente de *cocktails*.

Beerenburg

Tipo de *bitter* originário da Frísia, antiga nação entre a Holanda e a Alemanha; é feito com a erva do mesmo nome e outras essências aromáticas.

Boonekamp's

Espécie de *bitter* fino e muito antigo, originário da Holanda; atualmente é mais consumido na Itália e na Alemanha.

Calisay

Bitter doce, originário da Catalunha, Espanha, feito à base de quinino. É usado às vezes como aperitivo; mas, em geral, serve como digestivo ou como acompanhamento de bolos e sobremesas.

Campari

É o *bitter*/aperitivo italiano mais famoso do mundo. Trata-se de uma bebida seca, com forte sabor de quinino. Nos *cocktails*, como o americano e o *negroni*, ou com soda, o Campari apresenta sabor destacado e não tem substituto.

China-Martini

Bitter doce italiano, pouco conhecido, fabricado pela firma Martini & Rossi.

Fernet

Modalidade de *bitter* amargo, feito à base de ervas e álcool neutro, produzido originalmente pela Martini & Rossi, de Turim, e também pela Firma Branca, de Milão, Itália. Tem fama de amenizar ressacas, propriedade contestada pelos médicos. Quando diluído em água, pode ser servido como aperitivo.

Jägermeister

Bitter alemão, usado tanto como aperitivo quanto como digestivo; como o Fernet, tem fama de amenizar ressacas.

Péychaud

Tipo de *bitter* franco-americano, empregado para aromatizar *cocktails*.

Rossi

Modalidade de *bitter* italiano cor-de-rosa, semelhante ao *vermouth* Martini fabricado pela Martini & Rossi.

Stonsdorfer

Bitter alemão de boa qualidade e bastante digestivo.

Suze

Aperitivo semelhante ao *bitter*, de origem francesa, de cor amarelada, com forte sabor de genciana.

Underberg

De origem alemã, o Underberg é um *bitter* bastante utilizado como digestivo e, principalmente, como ingrediente de *cocktails*.

Licor

A época conhecida como marco inicial da produção de licores é o século XV, mas existem indícios que levam a crer que os licores já vinham sendo produzidos havia muito tempo. Diz-se que o licor era produto obtido pelos alquimistas italianos em seus complicados instrumentos; ao chegar à França, mais precisamente aos mosteiros, foram-lhe atribuídas propriedades rejuvenescedoras e medicinais, além de ser considerado uma bebida muito agradável.

O licor foi introduzido na França pela corte de Catarina de Médicis, que, ao transferir-se da Itália para lá, levou consigo o segredo da fabricação. Os monges procuravam simplificar a técnica de sua fabricação sem, no entanto, adulterar as propriedades fundamentais da bebida.

O licor é basicamente uma bebida alcoólica doce, em geral com sabor de frutas ou ervas. Há quem acredite que o licor deva ser bebido sempre após as refeições, dadas as propriedades digestivas que apresenta. Isso não deixa de ser verdadeiro, mas não há motivo para não saboreá-lo em outras oportunidades, desde que se tome o cuidado de ingeri-lo em pequenas doses. Teor alcoólico entre 20 e 55 °GL.

- Processo de fabricação

  Os licores podem ser elaborados por três processos diferentes ou por sua combinação.

  - Infusão – a matéria-prima é macerada, colocada em água e submetida a cozimento para que seja extraída sua essência; ao líquido daí resultante são adicionados álcool, corantes e açúcar, corrigindo-se o paladar, a cor e o buquê da bebida;
  - Destilação – a matéria-prima é deixada em álcool até que este fique impregnado com sua essência. Uma vez destilado, faz-se sua correção com açúcar e corantes;
  - Filtração – os extratos aromáticos ou essências são compostos com álcool que, depois, é filtrado e corrigido com açúcar.

- Classificação

  No Brasil, produzem-se licores de muitos tipos e marcas, que podem ser divididos em dois grupos:

- Licores nativos – fabricados com os diversos produtos de cada região;
- Licores clássicos internacionais – fabricados sob licença das respectivas matrizes.

Classificação dos licores pela matéria-prima

Licor	Matéria-prima
Licores de frutas	Abricó
	Ameixa
	Amêndoa
	Amora
	Avelã
	Banana
	Café
	Caroço de abricó
	Caroço de cereja
	Casca de laranja
	Cassis
	Cereja
	Chocolate
	Grapefruit
	Groselha
	Laranja
	Nozes
	Pêssego
	Romã
	Tangerina
Licores de ervas, plantas, cascas de árvores e flores	Anis
	Amieiro
	Baunilha
	Canela
	Cariz
	Cominho
	Erva-doce
	Genciana
	Kummel
	Lírio florentino
	Mel
	Menta
	Quinino
	Raízes diversas

(continua)

Classificação dos licores pela matéria-prima

Licor	Matéria-prima
Licores de ervas, plantas, cascas de árvores e flores	Rosas Urze Violetas
Licores de *whisky* escocês	Mel de urze Urze Outras ervas
Licores nativos e regionais	Diversos produtos nativos e regionais

Tipos de licor

Abricotine

Licor produzido pela empresa francesa Garnier, cuja matéria-prima é o abricó.

Advocaat

Licor holandês de baixo teor alcoólico, feito de ovos e aromatizado com canela ou café e chocolate. Segundo dados históricos, seu nome se deve ao fato de que, em outras épocas, a bebida era feita de abacate, na Índia ocidental.

Aiguebelle

Licor feito na França com aproximadamente cinquenta ervas; existe em duas variedades: o verde e o amarelo. O verde é mais forte.

Allasch, Alasch

Licor alemão produzido originalmente no castelo do mesmo nome, na região de Latvia. Assemelha-se ao Kummel, porém é aromatizado com amêndoas e anis.

Amaretto

Licor de origem italiana, feito com polpa de amêndoas e caroços de abricó, com sabor de amêndoas.

Amêndoas

Existem diversos tipos de creme de amêndoas no mundo inteiro. Trata-se geralmente de bebida muito doce, mais usada para *cocktails*.

Anisete

Bebida da família dos anisados. O termo *anisette* é usado na França para designar os licores doces com gosto de anis. Um viajante, ao voltar das Índias ocidentais, teria confiado essa receita a uma senhora da região de Bordeaux, de nome Marie Brizard.

Apricot

Licor elaborado à base de aguardente vínica e abricó.

Apry

Licor de excelente qualidade, feito de abricó. É produto da firma Marie Brizard.

Aurum

Licor fabricado na Itália na cidade de Pescara pela destilaria do mesmo nome, a partir de ervas e frutas; tem como base o *brandy*.

Banadry

Licor de banana feito na França pela firma Bardinet.

B and B

Licor muito especial, produzido pela firma Bénédictine, feito à base de *brandy* e licor Bénédictine.

Barack Pálinka

Licor de abricó, de origem húngara; atualmente é produzido na Áustria.

Bénédictine

Considerado um dos licores mais antigos do mundo, o Bénédictine foi criado pelos monges beneditinos em 1510, na cidade de Fécamp, França. Diz-se que o Bénédictine é feito com 27 ervas, plantas e cascas de árvores, que são submetidas ao processo de maceração e infusão. Como acontece com a maioria dos licores famosos, o processo de produção do Bénédictine é mantido em segredo. Sua produção dura aproximadamente três anos, e seu envelhecimento, mais quatro. Sendo, juntamente com o Chartreuse, um dos licores mais famosos, o Bénédictine tem diversas imitações no mundo inteiro. As letras D.O.M. que estão no rótulo são abreviatura de *Deo Optimo Maximo*, em latim.

Blackberry Liqueur

É um licor de aroma silvestre produzido pela maceração da amora em álcool neutro ou aguardente vínica.

Bombon Crema

Licor com gosto de mel, feito em Cuba.

Buchu

Licor sul-africano, feito com seiva de planta do mesmo nome.

Cachiri

Licor feito na Guiana a partir da mandioca.

Centerbe/centerba

Licor italiano feito com uma centena de ervas diferentes com gosto de menta. Chama-se também de *silvestro* em homenagem ao monge italiano Fra San Silvestro, que teve a ideia dessa mistura.

Certosa

Licor italiano tinto parecido com o Chartreuse.

Cesarela

Licor italiano feito de cerejas, enriquecido com diversas ervas.

Chartreuse

Sendo, juntamente com o Bénédictine, um dos mais famosos licores de todo o mundo, o Chartreuse, que é produzido principalmente com ervas e especiarias, é também o mais antigo licor produzido até hoje pelo processo original dos monges, com uma fórmula absolutamente inviolável. Assim como o Bénédictine, também é envelhecido em tonéis de carvalho por diversos anos; mesmo depois de engarrafado, continua a amadurecer lentamente. Diz-se que a base desse licor é composta de cerca de 150 ervas e especiarias que, depois da maceração e infusão em álcool neutro, transformam-se nessa inimitável bebida. O amarelo tem 40 °GL e o verde, 55 °GL.

Cherry brandy

Termo genérico usado para designar os licores de cereja. Além da própria cereja, são empregados seus caroços para a produção desse famoso licor.

Cherry Heering

Licor dinamarquês de cereja, seco, famoso em todo o mundo.

Cocuy

Licor feito na Venezuela a partir de uma planta do deserto chamada sabila.

Cointreau

Licor *triple sec* de origem francesa, produzido pela firma do mesmo nome com as cascas de pequenas laranjas verdes originárias da ilha de Curaçau (v. *curaçau*).

Creme de cacau

Licor de chocolate, aromatizado com baunilha. É usado como ingrediente de *cocktails*.

Creme de *cassis*

Licor de *cassis* (frutinha parecida com a groselha), produzido na França, na região de Bourgogne. Os mais famosos *cocktails* feitos com creme de *cassis* são o *kir* e o *kir royal*.

Creme de menta

Licor aromatizado com menta, muito utilizado em *cocktails*. Pode ter diversas cores, mas o verde e o incolor são os mais usados.

Creme de rosas

Licor produzido com pétalas de rosas e baunilha.

Creme de violeta

Licor produzido com pétalas de violetas e, às vezes, aromatizado com laranjas do tipo curaçau.

Creme *Yvette*

Sendo o mais famoso licor de violeta do mundo, é produzido nos Estados Unidos pela firma Jacquin em homenagem à atriz francesa Yvette Gilbert.

Cuarenta y Tres

Licor espanhol muito famoso em seu país de origem, feito à base de *brandy* e aromatizado com baunilha. Seu nome deve-se ao fato de entrarem 43 ingredientes em sua composição.

Curaçau

Nome genérico para licores feitos de laranja. O mais famoso deles é o *triple sec* Cointreau, produzido originariamente na França pela firma do mesmo nome. O curaçau, que pode ter diversas cores decorativas, é produzido a partir de pequenas laranjas verdes da ilha de Curaçau.

Danziger Goldwasser

Licor espetacular produzido à base de álcool neutro aromatizado com cominho, cariz, anis, cascas de laranja e com flocos dourados flutuando. Este é um licor dos mais antigos do mundo. O original era feito no porto de Danzig (hoje Gdansk – Polônia) e atualmente é produzido na Alemanha e na França. O mais famoso de todos é o Liqueur d'Or, francês.

Drambuie

Licor escocês famoso em todo o mundo, produzido à base de *highland malt whisky* e mel de urze. Seu nome seria uma corruptela da expressão gaélica *an dram buidheach*, que significa "o licor que satisfaz". É um licor muito popular nos Estados Unidos. Outro licor de *whisky* muito famoso é o escocês Glayva.

Edelweiss

Licor italiano feito de extratos de flores dos Alpes.

Enzian

Licor obtido pela destilação das raízes da genciana.

Fior d'Alpi, Mille Fiori

Licor italiano feito com flores e ervas dos Alpes. Apresenta-se em garrafa fina e longa com um raminho com cristais de açúcar no interior.

Forbidden Fruit

Licor americano feito de *grapefruits*, laranjas maceradas em *brandy* e mel.

Frangélico

Licor italiano feito com avelãs, muito aromático. A garrafa é muito decorativa, representando a figura de um frade.

Friesengeist

Licor de menta forte, feito na região da Frísia, na Alemanha.

Galliano

Licor italiano aromatizado com flores, ervas, outras especiarias e quinino. É usado nos bares no preparo de *cocktails*.

Gentiane

Licor francês e suíço obtido pela destilação de raízes da genciana.

Glayva

Licor escocês feito de *malt whisky* e aromatizado com mel de urze. Juntamente com o Drambuie, forma a dupla de licores de *whisky* mais famosa do mundo.

Grand Marnier

Licor francês feito pela firma do mesmo nome, a partir de laranjas de Curaçau maceradas em *whisky*.

Groselha

Licor feito de groselha macerada em álcool neutro, muito usado em *cocktails*. Na região de Bourgogne, França, é produzido um licor similar, mas de qualidade muito superior, chamado Creme de *cassis*.

Half-on-Half

Licor holandês feito de laranjas de Curaçau e *bitter* em partes iguais.

Irish Mist
Licor irlandês feito com *whiskey* irlandês e mel de urze.

Izarra
Licor do País Basco feito no lado francês da fronteira à base de *armagnac* e aromatizado com plantas dos Pireneus.

Kabänes
Tipo de licor semiamargo produzido na Alemanha, na cidade de Colônia.

Kahlua
Licor de café muito popular nos Estados Unidos, embora procedente do México.

Kummel
Licor famoso em todo o mundo, originário da Holanda e produzido pela firma Bols, à base de cariz, cominho, erva-doce, lírio florentino e outras ervas.

Mandarine Napoléon
Licor de tangerinas espanholas de Andaluzia, maceradas em aguardente vínica envelhecida. É produzido na Bélgica.

Marasquino
Licor de cerejas, muito usado em *cocktails* e sobremesas, fabricado na Itália.

Nocino
Licor amargo italiano, feito de nozes, com ligeiro gosto doce no final.

Parfait Amour
Licor de cor roxa, feito de flores de violeta na França e Holanda.

Pasha
Licor de café produzido na Turquia.

Passion Fruit Liqueur

Licor australiano, de cor dourado-escura, muito doce, feito de romãs.

Prunelle

Nome genérico para designar licores de ameixa, na França.

Rosolio

Licor italiano com gosto de rosas.

Sambuca

Famoso licor italiano feito à base de amieiro e aromatizado com anis. Desse licor há basicamente dois tipos, o incolor e o marrom-escuro, dos quais o último é aromatizado com café.

Sapindor

Licor verde feito à base de ervas, na França, região do Jura.

Silvestro

Licor italiano produzido à base de ervas, com sabor acentuado de menta.

Sorbino

Licor de cerejas produzido na Finlândia.

Southern Comfort

Licor originário dos Estados Unidos, derivado de *whisky* e pêssego.

Strega

Licor italiano bem doce, feito de ervas, muito utilizado como digestivo e em *cocktails*.

Tia Maria

Licor de café oriundo da Jamaica, aromatizado com ervas, cascas e raízes locais.

Triple sec

Licor seco feito à base de laranjas de Curaçau, muito utilizado em *cocktails*.

Van Der Hum

Licor sul-africano à base de tangerinas e aromatizado com ervas.

Vandermint

Licor originário da África do Sul, feito à base de chocolate e menta.

Vieille Curé

Licor francês da região de Bordeaux, feito à base de ervas locais maceradas em *cognac* e *armagnac*. Desse licor, há basicamente dois tipos, o verde e o amarelo, que têm sabores diferentes, mas apresentam o mesmo teor alcoólico.

Vermouth

A palavra *vermouth* deriva do alemão *wermut*, que significa "absinto". Conclui-se, daí, a importância que teve a *Artemesia absinthum* em sua fabricação.

Os *vermouths* são fabricados a partir de vinho e mistela (suco de uva não fermentado ao qual se acrescenta aguardente vínica), além de extratos de mais de 150 ervas e plantas: coentro, casca de laranjas-amargas, camomila, ruibarbo chinês, absinto romano, cálamo, angélica, lírio florentino, genciana, canela, cravo-da-índia, noz-moscada, baunilha, cardamomo, raiz de íris, etc. Entram ainda em sua composição: açúcar ou concentrado de ervas para adoçar, caramelo para dar cor e álcool vínico para a graduação alcoólica.

De maneira geral, são preparados pelo processo de infusão, que consiste em mergulhar e macerar no vinho as plantas e ervas citadas acima, a fim de se extraírem seus componentes, os quais, adicionados ao vinho, formam a bebida. A maceração dura de seis a doze meses.

Os *vermouths* podem ser brancos, rosados ou tintos e de sabor amargo, seco, meio seco, suave ou doce. Os tipos mais famosos são os italianos e os franceses, aqueles sempre menos secos que estes.

Os *vermouths* são bebidas indispensáveis em qualquer bar do mundo, onde são usados como ingredientes de *cocktails* ou como aperitivos.

As principais marcas internacionais de *vermouth* são produzidas no Brasil, sob licença de suas matrizes.

Tipos de *vermouth*

Carpano

Vermouth de origem italiana, produzido em Turim, Itália, geralmente tinto.

Cinzano

Uma das mais famosas marcas de *vermouth* em todo o mundo. Como o *vermouth* produzido pela Martini & Rossi, o Cinzano é fabricado, originariamente, em Santa D'Alba, Itália.

Cynar

Espécie de *vermouth*/aperitivo feito à base de alcachofra, muito popular na Itália.

Dubonnet

É o *vermouth* francês de maior fama mundial. Seu sabor situa-se entre o doce e o amargo, possuindo geralmente cor vermelha encorpada.

Lillet

Tipo de *vermouth* patenteado, francês, leve e seco, com sabor de laranja.

Martini

Famosa marca italiana de *vermouth*, cuja matriz se situa em Pensione, Itália. Tanto a Martini como a Cinzano têm ramificações que fabricam seus produtos em todo o mundo.

Noilly Prat

Famoso *vermouth* seco, feito em Marselha, França.

Punt & Mes

Tipo de aperitivo semelhante ao *vermouth*, produzido originariamente em Turim, Itália. É doce e ao mesmo tempo amargo, por causa do quinino. É encorpado, de cor marrom.

St. Raphaël

Tipo de *vermouth*/aperitivo de origem francesa, delicado, doce/amargo, com sabor de quinino.

St. Remy

Tipo de *vermouth*/aperitivo de origem francesa, produzido à base de maçãs.

BEBIDAS DIVERSAS

Água de flor de laranjeira

É uma essência leve, não alcoólica, originária da França, que se usa como complemento e tempero em diversos *cocktails*.

Baunilha

Ingrediente de certa utilidade no bar, para alguns *cocktails*. É utilizado como aromatizante.

Birrh

Marca de um aperitivo muito popular na França, semelhante ao *vermouth*, seco e com gosto de laranja e quinino. É produzida em Thuir, perto da costa do Mediterrâneo, na fronteira com a Espanha.

Caperitif

Aperitivo amarelado produzido na África do Sul, feito de vinho e álcool de ervas, assemelhado ao *vermouth*.

Cidra

Bebida fermentada feita à base de maçã, produzida na França, Inglaterra e em outros países da Europa e da América do Sul.

Falernum

Xarope feito no Caribe, com frutas diversas, contendo muito pouco álcool, usado para aromatizar e adoçar *cocktails*. Seus ingredientes principais são o limão e o gengibre. O nome *falernum* vem de um vinho italiano muito famoso em outros tempos, o Falerno, que hoje sobrevive em versão mais modesta.

Ginja

Bebida portuguesa doce, parecida com o *vermouth*, feita de ginjas.

Grenadine

Xarope de romã, adoçado, contendo pouco ou nenhum álcool, usado em diversos *cocktails*.

Hydromel

Bebida feita à base de mel fermentado.

Jeropiga

Bebida portuguesa feita de mosto de uvas, aguardente vínica e açúcar, também conhecida como "vinho abafado" em Portugal, onde é uma bebida muito popular.

Kava-Ava-Ava

Bebida fermentada da Polinésia com raízes de um arbusto chamado *kava*.

Mastika

Aperitivo feito à base de aguardente de vinho e aromatizado com resina de um arbusto chamado *Pistacia lenticus*.

Orgeat

Xarope não alcoólico feito, originariamente, de cevada; hoje, porém, tem sabor de amêndoas. É usado em *cocktails*.

Pimm's, Pimm's Cup

Trata-se de um *cocktail* engarrafado, inventado por James Pimm, em Londres, em 1880. Originariamente esta bebida era feita de *gin*, açúcar, limão e aromatizada com ervas e licores. Depois apareceram outras variações: *Pimm's* nº 1, à base de *gin*; nº 2, de *whisky*; nº 3, de rum; nº 4, de *cognac*; nº 5, de *rye whiskey*; e nº 6, de *vodka*.

Xarope de açúcar

Açúcar derretido em água morna.

Os *cocktails* – receituário internacional

HISTÓRICO

As bebidas misturadas, apesar de terem nascido na Europa por volta de 1850, só se consagraram nos Estados Unidos, durante os anos de 1920 a 1930, no período da era do *jazz* e da lei seca.

Foi durante essa lei que o hábito de misturar bebidas evoluiu. As bebidas alcoólicas, por serem proibidas, eram fabricadas e vendidas em esconderijos, sem nenhum controle de higiene ou de qualidade e, portanto, eram péssimas. Além disso, quase sempre eram intragáveis – como se diz na linguagem do bar – quando bebidas puras.

Sendo assim, para melhorar o sabor das bebidas, os adeptos do álcool começaram a misturá-las, criando e padronizando receitas que se espalharam por toda a América, receitas que mais tarde viriam a se chamar *cocktails*.

A palavra *cocktail*, que em português quer dizer "rabo de galo", tem certamente sua origem ligada às brigas de galo – rinhas –, que eram tão comuns nos Estados Unidos, nessa época, principalmente na região do Mississippi.

Entre tantas histórias tão fascinantes quanto pouco prováveis, esta é sem dúvida a mais aceita pela maioria dos estudiosos e pesquisadores do assunto.

No meio de muitas teorias sobre a relação do nome *cocktail* com o rabo de galo, relata-se, por exemplo, que as penas do rabo de galo, vencedor da rinha, eram utilizadas para mexer as bebidas dos apostadores vencedores por ocasião da comemoração. Outras histórias contam que os apostadores iam colocando no chapéu uma pena de cada galo vencedor, sabendo-se ao final quem ganhou ou perdeu pela quantidade de penas colocadas no chapéu. Há ainda a teoria de que os amantes da bebida daquela época, querendo se embebedar e não conseguindo pela má qualidade das bebidas, chegavam a utilizar as penas para massagear a garganta permitindo assim a ingestão de mais uma dose.

Histórias à parte, o fato é que os *cocktails* são hoje uma mania mundial, com grande aceitação por parte de todas as camadas da população, sendo também preferidos pela grande variedade e qualidade das bebidas em comparação às daquela época.

CLASSIFICAÇÃO

Quadro demonstrativo da classificação dos *cocktails*

Categorias	Modalidades	Finalidades	Grupos
Long drinks	Batidos	Estimulantes do apetite	Cobblers
Short drinks	Mexidos	Digestivos	Coolers
Hot drinks	Montados	Refrescantes	Crustas
		Nutritivos	Cups
		Estimulantes físicos	Daisies
			Egg-Nogs
			Fixes
			Fizzes
			Flips
			Grogs (grogues)
			Juleps
			Ponches (*punches*)
			Pousse-Café
			Pousse-l'Amour
			Sangarees
			Shrubs
			Slings
			Smashes
			Sours
			Straights

Categorias de *cocktails* (de acordo com a dosagem e a temperatura das bebidas)

▶ *Long drinks* – são bebidas servidas em copos grandes (*long tumbler*), refrescantes, contendo geralmente em sua composição uma dose de aguardente misturada com sucos de frutas, refrigerantes ou água gaseificada e bastante gelo. Exemplos: *Horse's Neck*, *Gin Fizz* e *Tom Collins*.

- *Short drinks* – são bebidas servidas em copos pequenos (copo de *cocktail*), sendo considerados os verdadeiros *cocktails*. Existem muitas variedades de receitas. Exemplos: *Whisky Sour*, *Alexander* e *Dry Martini*.
- *Hot drinks* – são bebidas quentes, servidas em copos apropriados. São indicadas para clima bem frio. Exemplo: *Irish Coffee*.

Modalidades de *cocktails* (de acordo com o método de preparação e os utensílios utilizados)

- Batidos – são *cocktails* que levam em sua composição bebidas de difícil mistura, por serem bastante densas; assim, é necessário batê-los na coqueteleira (*shaker*).
- Mexidos – são *cocktails* compostos de bebidas de fácil mistura, por serem pouco densas; para mexê-los, usa-se o copo de bar (*mixing-glass*).
- Montados – são *cocktails* cuja preparação dispensa a utilização da coqueteleira ou do *mixing-glass*; são montados diretamente no copo em que são servidos.

Finalidades dos *cocktails*

- Estimulantes do apetite – são os autênticos aperitivos. Geralmente têm sabor seco, amargo ou ácido, sendo servidos antes das refeições para estimular o apetite. Quase sempre são compostos de bebidas destiladas, misturadas com sucos de frutas ácidas, *vermouths*, *bitter*, etc.
- Digestivos – são *cocktails* ou *drinks* feitos à base de licores ou aguardentes, apropriados para depois das refeições. Exemplos: *Pousse-Café*, *Stinger*, *B and B*.
- Refrescantes – são *drinks* que se compõem de bebidas destiladas misturadas com sucos de frutas, refrigerantes, águas gaseificadas e gelo, sendo servidos em copos longos. Exemplos: *Horse's Neck*, *John Collins*, *Silver Fizz*.

▶ Nutritivos – são consideradas bebidas nutritivas as que levam em sua composição ingredientes ricos em calorias, como ovos, vinhos fortificantes, cremes, mel, açúcar, chocolate, leite, etc. Exemplos: *Porto Flip, Egg-Nog.*

▶ Estimulantes físicos – *cocktails* em geral quentes, compostos de bebidas destiladas, água quente e condimentos especiais. São indicados para climas frios. Exemplo: *grogs.*

Grupos de *cocktails* (de acordo com suas características)

▶ *Cobblers* – bebidas preparadas à base de vinho ou aguardente, como *brandy* ou *whisky*, contendo ainda pedaços de frutas, açúcar, suco de limão, gelo e curaçau. São servidas em copos *long tumbler*. Exemplo: *Brandy Cobbler.*

▶ *Coolers* – bebidas refrescantes, servidas em copos *long tumbler*, decorados com pedaços de frutas. Sua composição básica pode ser cidra, *ginger ale* ou outro refrigerante, aos quais são adicionados açúcar, gelo e suco de limão. Exemplo: *Brunswick Cooler.*

▶ *Crustas* – *cocktails* feitos à base de bebida destilada, suco de limão, curaçau, açúcar e gelo, servidos em copos de *cocktail* com a borda passada no açúcar, ou crustada, e decorados com uma cereja. Exemplo: *Brandy Crusta.*

▶ *Cups* – bebidas refrescantes, muito parecidas com os ponches, geralmente preparadas em grandes quantidades e servidas em taças de *champagne*. Sua composição básica é de vinho branco de mesa ou vinho espumante, xarope de framboesa, licor, curaçau, frutas picadas, gelo, suco de laranja ou soda. Exemplo: *Chablis Cup.*

▶ *Daisies* – bebidas feitas à base de *brandy*, gin, rum, *whisky* e outras aguardentes, às quais se adicionam *ginger ale*, xarope de *orgeat*, limão, soda e gelo. São servidas em copos *long tumbler*. Exemplo: *Gin Daisy.*

▶ *Egg-Nogs* – bebidas nutritivas, quentes ou frias, feitas à base de ovo inteiro ou só de gema, além de açúcar, vinho do Porto, *sherry*, *brandy*, rum ou *whisky*, completadas com leite frio ou quente e noz-moscada. São servidas em copos *long tumbler*. Exemplo: *Baltimore Egg-Nog*.

▶ *Fixes* – bebidas feitas à base de anis (ou *brandy*, *gin*, rum, *whisky*), ao qual se adicionam açúcar, suco de limão e gelo picado. Ornamentadas com rodelas de limão e frutas, são servidas com canudos, em copos médios (*tumbler*). Exemplo: *Anis Fix*.

▶ *Fizzes* – bebidas refrescantes, feitas à base de *gin*, *brandy* ou *whisky*, aos quais se podem adicionar clara de ovo, suco de limão e água gasosa, além de gelo picado. São servidas em copos *long tumbler*. Exemplo: *Brandy Fizz*.

▶ *Flips* – bebidas fortificadas e nutritivas, feitas geralmente à base de gema de ovo misturada com vinho do Porto, *sherry*, *brandy* ou *whisky*, aos quais se acrescenta ainda o açúcar. São polvilhadas com noz-moscada e servidas quentes, em geral em copos médios. Exemplo: *Porto Flip*.

▶ *Grogs* – bebidas quentes, geralmente feitas à base de *brandy*, rum ou *whisky*, que contêm em sua composição água e rodela de limão. São servidas flamejando, em copos especiais. Exemplo: *American Grog*.

▶ *Juleps* – bebidas feitas à base de *brandy*, *gin*, rum, *whisky* ou vinho espumante, que contêm em sua composição folhas de hortelã, açúcar e água. Exemplo: *Mint Julep*.

▶ Ponches – essas bebidas são preparadas geralmente à base de vinho, *champagne*, rum, *brandy* e outras, às quais se misturam frutas da época picadas, suco de limão, suco de laranja, etc. Os ponches quase sempre são preparados em grandes quantidades, colocados em recipiente apropriado (poncheira) e servidos em copos especiais. Exemplo: *Champagne Punch*.

▶ *Pousses* – bebidas feitas geralmente à base de xaropes, licores e outras bebidas, colocados em camadas de acordo com sua densidade. Dividem-se em *Pousse-Café* e *Pousse-l'Amour*. O *Pousse-l'Amour*, além da composição acima, leva sempre gema de ovo no topo. Exemplo: *American Pousse-Café*.

▶ *Sangarees* – *cocktails* feitos à base de cerveja, vinho ou outras bebidas, às quais se misturam açúcar, gelo, água, etc. Exemplo: *Ale Sangaree*.

- *Shrubs* – bebidas feitas com extrato de frutas cozidas mais *brandy*, rum, *whisky*, *cherry*, xarope de frutas e outros ingredientes. Geralmente são servidas quentes e fazem parte da família dos *grogs*. Exemplo: *Cherry Shrub*.
- *Slings* – são também uma variedade de *grog* e podem ser servidos quentes ou frios. São feitos com *brandy*, *gin*, rum, *whisky*, etc., mais noz-moscada, suco de limão, açúcar, água quente, etc. Exemplo: *Brandy Sling*.
- *Smashes* – idênticas aos *juleps*, mas preparadas exclusivamente com bebidas destiladas e folhas de menta fresca. Exemplo: *Brandy Smash*.
- *Sours* – bebidas feitas sempre à base de suco de limão, açúcar e gelo, mais a bebida desejada, geralmente destilada. Exemplo: *Whisky Sour*.
- *Straights* – bebidas feitas à base de aguardente, acompanhadas de pedras de gelo e aromatizadas com angostura ou outros aromatizantes. Exemplo: *Brandy Straight*.

DICAS PARA PREPARAR UM *COCKTAIL*

- Coloque sobre o antebalcão do bar todos os ingredientes indicados na receita e os utensílios necessários.
- Utilize ingredientes de boa marca. As frutas para decoração devem ser frescas e ter boa aparência. Quando são indicados sucos de frutas, eles devem ser frescos e, de preferência, espremidos na hora.
- Para obter um bom resultado, é necessário ter no bar máquina de fabricação de gelo. A água do gelo deve ser filtrada e as velas do filtro ou outro equipamento purificador devem ser limpas e substituídas quando necessário.
- Copos de boa qualidade e transparentes permitem melhor apreciação da bebida. Certifique-se de que eles estejam perfeitamente limpos.
- A não ser quando indicado de forma diferente, ponha primeiro o gelo e depois as bebidas e outros ingredientes na ordem em que aparecem na receita.

- Se a receita não determinar o contrário, use açúcar em pó ou xarope de açúcar para adoçar.
- Agite bem e com rapidez os *cocktails* na coqueteleira ou no *mixing-glass*, pois disso dependerá a sua qualidade.
- Todos os *cocktails* gelados podem ser servidos em copos gelados, operação que é feita na hora.
- Sirva assim que terminar a preparação. Se houver demora, o gelo derreterá em demasia e a homogeneidade da mistura se acabará.
- Dê bastante importância à decoração dos *cocktails*. O aspecto visual muito contribui para sua avaliação final.
- Na preparação dos *cocktails* à frente do cliente, mostre todas as bebidas a ele antes de utilizá-las.
- Trabalhe sempre com técnica, higiene, segurança e principalmente muita elegância. Lembre-se de que o *show* ajuda a vender os *cocktails*.
- Nunca sirva os restos das garrafas nos *cocktails*, passe-os depois para outras garrafas.

ORIENTAÇÕES SOBRE O RECEITUÁRIO DOS *COCKTAILS*

A maioria das receitas a seguir é expressa em frações ou percentual e é para uma pessoa, ou seja, refere-se a uma dose. A dose no Brasil varia entre 45 e 50 ml. No caso dos *cocktails*, essa dose é composta de diversas bebidas alcoólicas ou não alcoólicas, mais os complementos e decorações.

Quando se tratar de receita para mais de uma pessoa ou diversas doses, valem o percentual da bebida na medida em que se pretende fazer e os outros ingredientes aumentados na mesma proporção.

Quando há a citação "colher de açúcar", por exemplo, refere-se a colher de bar, salvo se a menção for diferente.

Quando a receita citar cerejas, refere-se a cerejas ao marasquino.

Quando a receita vier acompanhada da sigla IBA, trata-se de *cocktail* padronizado pela International Bartenders Association (IBA).

RECEITUÁRIO INTERNACIONAL DOS *COCKTAILS*

Cocktails à base de *whisky*

Aconcágua

1/5 de *whisky*
1/5 de *cognac*
1/5 de *rum*
2/5 de suco de abacaxi

Bater na coqueteleira e servir em copo *long drink* com gelo.

Affinity

2/4 de *whisky*
1/4 de *vermouth* seco
1/4 de *vermouth* tinto
2 gotas de angostura

Preparar no *mixing-glass* e servir em copo *short drink*.

À-média-luz

1/3 de *cherry brandy*
1/3 de *whisky*
1/3 de anis

Bater na coqueteleira com gelo e servir com uma cereja em copo *short drink*.

American Royal

2/4 de *whisky*
2/4 de licor Southern Comfort
1 gota de *peach bitter*

Preparar em copo *old-fashioned* com gelo.

Antártico

1 bola de sorvete de baunilha
2/5 de suco de morango
2/5 de *whisky*
1/5 de *sherry*

Bater na coqueteleira e servir em copo *long drink* com gelo.

Bambola

2/4 de suco de *grapefruit*
1/4 de suco de abacaxi

1/4 de *whisky*
gotas de Cointreau
1 colher de açúcar

Preparar no *mixing-glass* e servir em copo *long drink* com gelo.

Black Hawk
4/7 de *whisky*
2/7 de *gin*
1/7 de suco de limão

Bater na coqueteleira e servir em copo *short drink* gelado com uma cereja.

Bobby Burns
1/2 de *whisky*
1/2 de *vermouth* tinto
3 gotas de Bénédictine
1 casca de limão

Preparar no *mixing-glass* e servir em copo *short drink*.

Bourbon Mint Julep
2 doses de *bourbon whiskey*
5 ramos de hortelã
açúcar a gosto
1 lance de rum escuro ou *cognac*
1 fatia de limão

Misturar o *bourbon whiskey*, 4 ramos de hortelã e açúcar em um copo pequeno. Despejar em copo *long drink* com gelo e mexer até gelar. Completar com um lance de rum escuro ou *cognac*. Decorar com a hortelã restante e a fatia de limão. Servir com canudo.

Brooklyn
2/3 de *rye whiskey*
1/3 de *vermouth* tinto
1 gota de marasquino
1 gota de Amer Picon

Preparar no *mixing-glass* e servir em copo *short drink*.

Califórnia
1/4 de *vermouth* doce
1/4 de *whisky*
2/4 de suco de laranja
1 colher de açúcar

Bater na coqueteleira e servir em copo *old-fashioned*.

Canadian Apple
>4/6 de Canadian whisky
>1/6 de calvados
>1/6 de suco de limão
>1 colher de açúcar

Bater na coqueteleira e servir em copo *old-fashioned* com gelo e uma rodela de limão.

Canadian Cocktail
>2/4 de Canadian whisky
>1/4 de curaçau
>1/4 de suco de limão
>1 colher de açúcar

Bater na coqueteleira e servir em copo *old-fashioned*.

Cavaleiro-de-Virgínia
>1/2 de whisky
>1/2 de Strega
>1 casquinha de limão

Preparar no *mixing-glass* e servir em copo *old-fashioned* com gelo. Decorar com casquinha de limão.

Colibri
>2/4 de whisky
>1/4 de cherry brandy
>1/4 de suco de limão
>1 colher de açúcar
>3 gotas de angostura

Preparar na coqueteleira e servir em copo *long drink*. Completar com soda limonada. Decorar com rodela de limão.

Colombo
>2/4 de whisky
>1/4 de St. Raphaël
>1/4 de bitter

Preparar no *mixing-glass* e servir em copo *short drink*. Decorar com uma cereja.

Comodoro
> 5/7 de *whisky*
> 1/7 de suco de laranja
> 1/7 de licor de morango
> 1 gota de *bitter*

Bater na coqueteleira e servir em copo *short drink*.

Croton
> 2/3 de *whisky*
> 1/3 de *sherry*

Preparar no *mixing-glass* e servir em copo *short drink* com casquinha de limão.

Demetrius
> 2/6 de *whisky*
> 2/6 de suco de abacaxi
> 1/6 de suco de limão
> 1/6 de *parfait amour* (licor de violetas)

Preparar na coqueteleira e servir em copo *long drink*. Decorar com hortelã e cerejas.

Far West
> 2/4 de *whisky*
> 1/4 de *cherry brandy*
> 1/4 de curaçau

Preparar no *mixing-glass* e servir em copo *short drink*. Decorar com uma casca de laranja.

Filipe II
> 4/8 de suco de morango
> 1/8 de *whisky*
> 1/8 de vinho do Porto
> 2/8 de creme de leite

Bater na coqueteleira e servir em copo *old-fashioned* com gelo.

Flor-de-amêndoa
> 1/4 de amaretto
> 1/4 de *vermouth* seco
> 2/4 de *whisky*

Preparar na coqueteleira e servir em copo *short drink*.

Glasgow
    2/4 de *whisky*
    1/4 de suco de limão
    1/4 de *vermouth* seco

Bater na coqueteleira com gelo e servir em copo *short drink*.

Godfather – IBA
    3/10 de *amaretto*
    7/10 de *whisky*

Preparar em copo *old-fashioned* com gelo.

Golden
    1/3 de *whisky*
    1/3 de St. Remy
    1/3 de licor de pera
    1 gota de angostura

Preparar no *mixing-glass* e servir em copo *short drink*.

Grand Canyon
    2/4 de *whisky*
    1/4 de *vermouth* tinto
    1/4 de *amaretto*

Preparar no *mixing-glass* e servir em copo *short drink*.

Hot Night
    2/4 de *whisky*
    1/4 de Grand Marnier
    1/4 de *vermouth* seco

Preparar no *mixing-glass* e servir em copo *long drink*. Decorar com rodela de laranja e duas cerejas.

Jack Cool
    2/3 de *whisky*
    1/3 de vinho do Porto
    2 gotas de angostura

Preparar no *mixing-glass* e servir em copo *short drink*. Decorar com uma cebolinha em conserva.

Kentucky
    2/4 de *bourbon whiskey*
    1/4 de suco de abacaxi

1/4 de suco de limão
1 colher de marasquino

Bater na coqueteleira com gelo e servir em copo *short drink* crustado de açúcar.

Kojak
2/5 de whisky
2/5 de suco de abacaxi
1/5 de suco de maracujá
gotas de rum
1 pirulito de frutas para mexer

Colocar tudo menos o pirulito na coqueteleira e bater com gelo. Servir num copo de vinho com gelo picado e colocar o pirulito. Servir com canudinhos curtos.

Looping
4/8 de whisky
2/8 de suco de limão
1/8 de vermouth seco
1/8 de vermouth doce

Preparar na coqueteleira com gelo e servir em copo *short drink*. Decorar com casquinha de limão.

Mac Laughland
2/3 de whisky
1/3 de aguardente de cana
gotas de angostura

Preparar no *mixing-glass* e servir em copo *short drink* com pedacinhos de maçã.

Manhasset
2/4 de whisky
1/4 de vermouth seco
1/4 de vermouth doce
1 colher de suco de limão

Bater na coqueteleira e servir em copo *short drink* gelado com uma casquinha de limão.

Manhattan – IBA

Este *cocktail* aparece em três versões:

Manhattan
2 gotas de angostura
3/10 de *vermouth* tinto
7/10 de *rye whiskey*

Preparar no *mixing-glass* e servir em copo *short drink*. Decorar com uma cereja.

Dry Manhattan
2 gotas de angostura
3/10 de *vermouth* seco
7/10 de *rye whiskey*

Preparar no *mixing-glass* e servir em copo *short drink*. Decorar com uma casca de limão torcida.

Medium ou Perfect Manhattan
2 gotas de angostura
2/10 de *vermouth* tinto
2/10 de *vermouth* seco
6/10 de *rye whiskey*

Preparar no *mixing-glass* e servir em copo *short drink*. Decorar com uma cereja.

Marambaia
2/3 de *whisky*
1/3 de vinho do Porto
2 gotas de angostura

Preparar no *mixing-glass* e servir em copo *short drink*.

Maruska
2/4 de *whisky*
1/4 de suco de laranja
1/4 de licor Galliano
1/2 colher de açúcar

Preparar na coqueteleira e servir em copo *long drink*. Completar com soda limonada.

Michel
2/7 de suco de *grapefruit*
2/7 de suco de abacaxi
2/7 de *whisky*
1/7 de Dubonnet
1 colher de açúcar

Preparar no *mixing-glass* e servir em copo *long drink* com gelo.

Mississippi
- 2/4 de whisky
- 2/4 de curaçau blue
- 1/2 clara de ovo
- 1 colher de açúcar

Preparar na coqueteleira e servir em copo *long drink*. Completar com *club soda*. Decorar com frutas.

Nevisn's
- 4/9 de bourbon whiskey
- 2/9 de suco de limão
- 2/9 de grapefruit
- 1/9 de licor de abricó
- 1 gota de angostura

Bater bem forte na coqueteleira e servir em copo *short drink*.

New World
- 2/3 de whisky
- 1/3 de suco de lima
- 1 colher de groselha

Bater na coqueteleira e servir em copo *short drink*. Decorar com uma casquinha de limão.

New Yorker
- 2/3 de whisky
- 1/3 de suco de lima
- 1 colher de açúcar
- 1/2 colher de groselha
- 1 casquinha de laranja

Bater na coqueteleira com gelo e servir em copo *short drink*. Decorar com a casquinha de laranja.

New York Sour
- 2/3 de whisky
- 1/3 de suco de limão
- 1 colher de vinho tinto
- 1 colher de açúcar

Bater na coqueteleira o *whisky*, o limão e o açúcar. Em copo *short drink* colocar a colher de vinho tinto e depois servir o *cocktail*.

Nicasso
>2/4 de whisky
>1/4 de suco de limão
>1/4 de Cointreau

Preparar na coqueteleira e servir em copo *long drink*. Completar com água tônica.

Night Shade
>2/4 de bourbon whiskey
>1/4 de vermouth doce
>1/4 de suco de laranja
>1/4 de colher de Chartreuse
>1/2 fatia de laranja
>1/2 fatia de limão

Bater na coqueteleira e servir em copo *old-fashioned* com gelo e as fatias de laranja e limão.

Old-Fashioned – IBA
>1 dose de bourbon whiskey
>2 gotas de angostura
>1 lance de club soda

Preparar em copo *old-fashioned* com gelo quebrado. Colocar a angostura no fundo do copo; em seguida, meia colher de açúcar. Misturar, acrescentando um lance de *club soda*. Colocar o gelo quebrado enchendo o copo, em seguida decorar com meia fatia de laranja e meia fatia de limão (ou maçã). Acrescentar o *whiskey*. Decorar com duas cerejas.

Old Pal
>1/3 de rye whiskey
>1/3 de bitter
>1/3 de vermouth seco

Preparar no *mixing-glass* e servir em copo *short drink*.

Olido
>2/4 de whisky
>1/4 de suco de limão
>1/2 colher de açúcar
>1/4 de curaçau triple sec

Preparar na coqueteleira e servir em copo *short drink*.

Ópera

2/4 de whisky
1/4 de Bénédictine
1/4 de vermouth seco

Preparar no *mixing-glass* e servir em copo *long drink*. Completar com água tônica.

Oriental

2/4 de rye whiskey
1/4 de vermouth tinto
1/4 de vermouth branco
suco de limão

Bater na coqueteleira e servir em copo *short drink*.

Penélope

1/4 de sherry
1/4 de whisky
1/4 de rum
1/4 de cognac

Preparar no *mixing-glass* e servir em copo *old-fashioned* com frutas tropicais e gelo.

Pérola

1/3 de whisky
1/3 de Mandarinetto
1/3 de creme de leite

Bater na coqueteleira com gelo e servir em copo *short drink*. Decorar com cereja e folha de hortelã.

Prince Edward

4/5 de whisky
1/5 de Drambuie
1 fatia de laranja

Bater na coqueteleira com gelo e servir em copo *old-fashioned* com a fatia de laranja e gelo.

Quebec

4/8 de Canadian whisky
1/8 de Amer Picon
1/8 de licor de marasquino
2/8 de vermouth seco

Bater na coqueteleira com gelo e servir em copo *short drink* com uma cereja.

Record
2/4 de *whisky*
1/4 de suco de laranja
1/4 de Mandarinetto

Preparar na coqueteleira e servir em copo *long drink*. Completar com água tônica. Decorar com fatias de abacaxi e cerejas.

Red
2/3 de *whisky*
1/3 de Dubonnet
1 gota de angostura

Preparar no *mixing-glass* e servir em copo *short drink*. Decorar com uma casca de laranja e cereja no palito.

Red Fizz
2/4 de *whisky*
1/4 de Grand Marnier
1/4 de suco de limão
1 colher de açúcar
gotas de groselha

Preparar na coqueteleira e servir em copo *long drink*. Completar com água tônica. Decorar com rodelas de limão.

Riviera
4/7 de *Canadian whisky*
2/7 de Dubonnet
1/7 de Cointreau

Bater na coqueteleira com gelo e servir em copo *short drink* com uma casquinha de laranja.

Rob Roy – IBA
2 gotas de angostura
4/10 de *vermouth* tinto
6/10 de *Scotch whisky*

Preparar no *mixing-glass* e servir em copo *short drink*. Decorar com uma cereja.

Rubin
    3/6 de whisky
    2/6 de St. Remy
    1/6 de cherry brandy
    2 gotas de angostura

Preparar no *mixing-glass* e servir em copo *short drink*. Decorar com maçã e cereja.

Rusty Nail – IBA
    4/10 de Drambuie
    6/10 de Scotch whisky

Preparar em copo *old-fashioned* com gelo. Decorar com uma casca de limão.

Saratoga
    2/4 de whisky
    2/4 de licor de pêssego

Preparar em copo *old-fashioned* com gelo. Cobrir com creme de leite batido e gotas de grenadine.

Sea Board
    2/5 de whisky
    2/5 de gin
    1/5 de suco de limão
    1 colher de açúcar

Bater na coqueteleira e servir em copo *old-fashioned* com gelo. Decorar com folhas de hortelã.

Sermar
    2/4 de whisky
    1/4 de Cointreau
    1/4 de vermouth branco seco

Preparar no *mixing-glass* e servir em copo *long drink*. Completar com água de coco.

Sky Club
    2/4 de whisky
    1/4 de licor de pera
    1/4 de vermouth seco

Preparar no *mixing-glass* e servir em copo *short drink*. Decorar com uma bola de pera no palito.

Sloppy Joe
    2/4 de *whisky*
    1/4 de *vermouth* tinto
    1/4 de vinho branco seco

Preparar no *mixing-glass* e servir em copo *short drink*. Decorar com uma casca de limão.

Stony Brook
    2/4 de *whisky*
    1/4 de Cointreau
    1/4 de creme de café
    1/2 gema de ovo

Bater na coqueteleira com gelo e servir em copo *short drink* com uma casquinha de laranja.

The Shoot
    1/2 de *whisky*
    1/2 de *sherry*
    1 colher de suco de limão
    1 colher de suco de laranja
    1 colher de açúcar

Bater na coqueteleira e servir em copo *short drink* ou *old-fashioned*.

Uncle Sam
    1/2 de licor de pêssego
    1/2 de *bourbon whiskey*

Preparar em copo *long drink* e completar com *club soda* ou suco de lima e gelo.

Whisky Cobbler
    1 dose de *whisky*
    2 lances de curaçau
    2 lances de *cognac*
    1 ramo de hortelã
    1 fatia de laranja
    1 quadrado de abacaxi

Preparar em copo *old-fashioned* com cubos de gelo. Adicionar o *whisky*, o curaçau e o *cognac*. Decorar com a hortelã, a laranja e o abacaxi.

Whisky Sour – IBA
1 colher de clara de ovo
2/10 de xarope de açúcar
4/10 de suco de limão
4/10 de *bourbon whiskey*

Preparar na coqueteleira e servir em copo *short drink*.

Whisky Stinger
1/2 de whisky
1/2 de licor de menta

Preparar em taça de *champagne* e decorar com canudinho.

Windsor
1/3 de whisky
1/3 de *vermouth* rosado
1/3 de abricó

Preparar no *mixing-glass* e servir em copo *short drink*.

Cocktails à base de vodka

Amor-perfeito
2 colheres de suco de limão
1/3 de rum ouro
2/3 de vodka
1 colher de açúcar
champagne

Bater tudo na coqueteleira menos o *champagne*. Coar e servir em taça de *champagne* com gelo moído e completar com *champagne*.

Astronauta
1/2 de vodka
1/2 de licor Mandarinetto

Bater bem na coqueteleira e servir em copo *short drink*.

Bariloche
1/4 de suco de abacaxi
1/4 de suco de laranja
1/4 de vodka
1/4 de suco de morango
1 colher de açúcar

Misturar no *mixing-glass* e servir em copo *long drink* com gelo.

Black Lash

1/3 de vodka
1/3 de licor de cacau
1/3 de licor de menta

Bater na coqueteleira e servir em cálice de vinho branco.

Black Russian – IBA

3/10 de licor de café
7/10 de vodka

Preparar em copo *old-fashioned* com dois cubos de gelo.

Bloody Mary – IBA

1/10 de suco de limão
3/10 de vodka
6/10 de suco de tomate
1 gota de molho de pimenta vermelha
2 gotas de molho inglês
sal
pimenta a gosto

Preparar em copo *old-fashioned* com dois cubos de gelo.

Blue Lagoon – IBA

Esta receita pode ser feita de duas maneiras:

a) 1/10 de curaçau *blue*
3/10 de suco de limão
6/10 de vodka

Preparar na coqueteleira e servir em copo *short drink*. Decorar com uma espiral de limão.

b) 2/10 de curaçau *blue*
8/10 de *gin*

Preparar em copo *old-fashioned*. Completar com soda limonada e decorar com meia fatia de laranja e uma cereja.

Bull Shot – IBA

1/10 de suco de limão
3/10 de *consommé* (caldo de carne)
6/10 de vodka

Temperar com sal e pimenta. Preparar direto em copo *old-fashioned*.

Canada Cocktail
   2/6 de *vodka*
   1/6 de Mandarinetto
   1/6 de suco de limão
   2/6 de suco de laranja
   1 colher de açúcar

Preparar na coqueteleira e servir em copo *long drink*. Decorar com rodelas de laranja e cerejas.

Capricornio's
   2/4 de *vodka*
   1/4 de licor Tia Maria
   1/4 de suco de abacaxi

Preparar na coqueteleira e servir em copo *long drink*. Completar com soda limonada. Decorar com abacaxi e cereja.

Carolina
   1/3 de *vodka*
   1/3 de *parfait amour*
   1/3 de vinho branco

Preparar no *mixing-glass* e servir em taça de *champagne*. Decorar com três folhas de rosas e cereja.

Caucasiano
   2/3 de *vodka*
   1/3 de Cointreau
   4 gotas de creme de menta

Bater na coqueteleira com gelo e servir em copo *old-fashioned* com folhas de hortelã.

Costa-Caribe
   2/7 de *vodka*
   2/7 de suco de abacaxi
   1/7 de St. Remy
   1/7 de curaçau *blue*
   1 colher de suco de maracujá
   1 colher de suco de limão
   1 colher de açúcar
   1/7 de *champagne brut*

Bater na coqueteleira com gelo e servir em copo *long drink*. Completar com *champagne*.

Cravo & Canela
    1/3 de vodka
    1/3 de vermouth seco
    1/3 de St. Raphaël
    1 lance de Cointreau

Preparar no *mixing-glass* e servir em copo *short drink*.

Czarina
    2/4 de vodka
    1/4 de vermouth seco
    1/4 de abricó
    1 gota de angostura

Preparar no *mixing-glass* e servir em copo *short drink*.

Dacon
    3/6 de vodka
    2/6 de vermouth tinto
    1/6 de bitter

Preparar no *mixing-glass* e servir em copo *short drink*. Decorar com uma casca de limão.

Dark Moon
    5/8 de suco de uva
    3/8 de vodka
    2 colheres de suco de limão
    1/2 clara de ovo

Bater bem na coqueteleira e servir em copo *short drink*.

Dilany
    1/3 de amaretto
    1/3 de St. Remy
    1/3 de vodka
    3 gotas de angostura

Preparar no *mixing-glass* com gelo e servir em copo *short drink*.

Enrico C
    2/5 de vodka
    1/5 de curaçau *blue*
    2/5 de suco de maracujá
    1 colher de açúcar

Bater na coqueteleira com gelo e servir em copo *old-fashioned* com gelo. Aplicar jato de água e decorar com fatia de laranja.

Eris Cocktail
2/4 de vodka
1/4 de Grand Marnier
1/4 de vermouth branco doce

Preparar no *mixing-glass* e servir em copo *short drink*. Decorar com uma casca de laranja.

Franciscano
2/4 de vodka
1/4 de Bénédictine
1/4 de vermouth seco

Preparar no *mixing-glass* e servir em copo *short drink*. Acrescentar uma cebolinha.

Fundo-de-quintal
2/5 de vodka
3/5 de suco de pitanga
1 colher de licor de pera
2 colheres de suco de limão
2 colheres de açúcar

Preparar na coqueteleira com gelo e servir em copo *old-fashioned* com gelo. Aplicar jato de água, decorar com fatia de limão, ramo de hortelã e uma cereja.

Gabriela
2/5 de vodka
1/5 de Mandarinetto
2/5 de suco de abacaxi

Preparar no copo *long drink*. Completar com *champagne* seco. Decorar com frutas da época, cerejas e hortelã.

Gipsy
7/8 de vodka
1/8 de Bénédictine
1 colher de suco de limão
1 colher de suco de laranja

Misturar no próprio copo *old-fashioned*, depois colocar o gelo e enfeitar com fatia de laranja ou cereja.

Godmother – IBA
3/10 de amaretto
7/10 de vodka

Preparar em copo *old-fashioned* com gelo.

Green Flower
1/3 de vodka
1/3 de creme de menta
1/3 de suco de abacaxi

Preparar na coqueteleira e servir em copo *long drink*. Decorar com rodela de limão, hortelã e cereja.

Harvey Wallbanger – IBA
4/10 de vodka
6/10 de suco de laranja

Preparar em copo *old-fashioned* com gelo. Depois de pronto o *cocktail*, acrescentar uma colher de licor Galliano na superfície.

Kretchna
2/4 de vodka
1/4 de licor de cacau
1/4 de suco de limão
1 colher de groselha

Bater na coqueteleira com gelo e servir em copo *short drink* crustado com açúcar.

Love
3/6 de vodka
1/6 de *vermouth* branco doce
1/6 de *parfait amour*
1/6 de suco de laranja

Preparar na coqueteleira e servir em copo *long drink*. Completar com *champagne*. Decorar com fatia de laranja e cereja.

Nicolete
3/6 de vodka
1/6 de suco de abacaxi
1/6 de suco de laranja
1/6 de curaçau *blue*

Preparar na coqueteleira e servir em copo *long drink*. Decorar com um ramo de hortelã e uma cereja.

Oceano

2/3 de vodka
1/3 de curaçau blue
1 gota de angostura

Preparar no *mixing-glass* com gelo e servir em copo *short drink*. Decorar com cerejas ou laranja.

Original

2/4 de vodka
1/4 de vermouth rosado
1/4 de licor de abricó

Preparar no *mixing-glass* e servir em copo *short drink*.

Red Russian

1/2 de vodka
1/2 de cherry brandy

Bater na coqueteleira e servir em copo *old-fashioned* com gelo.

Rosas-de-ouro

1/3 de vodka
1/3 de Mandarinetto
1/3 de creme de leite
1 colher de açúcar

Preparar na coqueteleira e servir em copo *short drink*. Decorar com folha de menta e cereja.

Rosso Verano

1/4 de vodka
1/4 de Punt & Mes
1/4 de Mandarinetto
1/4 de suco de abacaxi

Preparar na coqueteleira e servir em copo *short drink*. Decorar com laranja e cereja.

Russian Bear

2/4 de vodka
1/4 de licor de cacau
1/4 de creme de leite

Bater na coqueteleira com gelo e servir em copo *short drink*.

Salty Dog – IBA
    3/10 de vodka
    7/10 de suco de grapefruit

Preparar em copo *old-fashioned* com gelo. Opcional: servir em copo *old-fashioned* crustado com sal.

Scaramouche
    1/4 de vodka
    1/4 de creme de menta verde
    1/4 de suco de limão
    1/4 de suco de abacaxi

Preparar na coqueteleira e servir em copo *long drink*. Decorar com rodela de limão e hortelã.

Screwdriver – IBA
    3/10 de vodka
    7/10 de suco de laranja

Preparar em copo *long drink* com gelo. Decorar com fatias de laranja.

Small Times
    2/4 de vodka
    1/4 de Punt & Mes
    1/4 de Cointreau

Preparar no *mixing-glass* e servir em copo *short drink*. Decorar com casca de limão.

Sol-de-verão
    1/3 de vodka
    1/3 de St. Remy
    1/3 de xarope de tangerina

Preparar na coqueteleira com gelo e servir em copo *long drink*. Completar com soda limonada.

Sombrero
    3/6 de vodka
    1/6 de *cherry brandy*
    1/6 de suco de abacaxi
    1/6 de suco de laranja

Preparar na coqueteleira com gelo e servir em copo *long drink*. Decorar com abacaxi, hortelã, guarda-chuva de papel e dois canudinhos. Completar com guaraná.

Summer
    1/3 de suco de laranja
    1/3 de licor Cuarenta y Tres
    1/3 de *vodka*
    3 gotas de grenadine

Preparar na coqueteleira com gelo e servir em copo *short drink*.

Surf Rider
    3/4 de *vodka*
    1/4 de *vermouth* doce
    6 colheres de suco de laranja
    2 colheres de suco de limão
    1/2 colher de grenadine
    3 cerejas

Bater na coqueteleira com gelo a *vodka*, o *vermouth*, os sucos e o grenadine. Agitar até gelar. Servir em copo *old-fashioned*. Decorar com cerejas e canudos.

Toronto
    2/4 de *vodka*
    1/4 de *framboise liqueur*
    1/4 de vinho *rosé*

Preparar no *mixing-glass* e servir em copo *short drink*. Decorar com uma bola de melão.

Tovarich
    2/4 de *vodka*
    1/4 de *Kirsch*
    1/4 de suco de limão

Bater na coqueteleira com gelo e servir em copo *short drink* com uma casquinha de limão.

Trinity
    2/4 de *vodka*
    1/4 de *parfait amour*
    1/4 de suco de abacaxi

Preparar na coqueteleira e servir em copo *long drink*. Completar com *champagne*. Decorar com frutas em pedaços.

Verano
    1/4 de *vodka*

1/4 de Mandarinetto
1/4 de suco de abacaxi
1/4 de suco de laranja

Bater na coqueteleira com gelo e servir em copo *old-fashioned*. Decorar com quatro cerejas, casca de limão, rodela de laranja, ramo de hortelã.

Verdemar

1/3 de *vermouth* seco
1/3 de *vodka*
1/3 de licor de menta

Bater os ingredientes na coqueteleira com gelo. Servir em copo *short drink*. Decorar com um galhinho de hortelã.

Viking

3/5 de *vodka*
1/5 de *vermouth* seco
1/5 de *cherry brandy*
2 gotas de groselha

Preparar no *mixing-glass* com gelo e servir em copo *old-fashioned* com uma casquinha de limão ou laranja.

Violeta *Cocktail*

2/3 de *vodka*
1/3 de leite condensado
gotas de groselha

Preparar na coqueteleira e servir em copo *short drink*.

Vodka Collins

2/3 de *vodka*
1/3 de suco de limão
2 gotas de angostura
1 colher de açúcar

Bater na coqueteleira e despejar em copo *long drink* com gelo. Completar com soda limonada. Decorar com rodelas de limão.

Vodka Fizz

2/3 de *vodka*
1/3 de suco de limão
1 colher de açúcar

Bater na coqueteleira e servir em copo *long drink* com gelo. Completar com soda limonada. Colocar três gotas de groselha e decorar com uma rodela de limão.

Vodka Martini
 4/5 de vodka
 1/5 de Martini seco

Preparar no *mixing-glass* e servir em copo *old-fashioned* com gelo e uma casquinha de limão.

Vodka Negroni
 1/9 de Campari
 2/9 de vermouth tinto
 6/9 de vodka

Preparar as três bebidas no *mixing-glass* com gelo e servir em copo *old-fashioned* com gelo e uma casca de laranja.

Vodka Sour
 2/3 de vodka
 1/3 de suco de limão
 1 colher de açúcar

Bater na coqueteleira com gelo e servir em copo *short drink* crustado de açúcar. Decorar com folhas de hortelã.

Vodkatini – IBA
 2/10 de vermouth seco
 8/10 de vodka

Preparar no *mixing-glass* e servir em copo *short drink*. Decorar com casca de limão.

Volga-Volga
 3/4 de vodka
 1/4 de Grand Marnier

Preparar em copo *long drink* com gelo quebrado. Completar com suco de laranja.

White Russian – IBA
 3/10 de licor de café
 5/10 de vodka
 2/10 de creme de leite

Preparar em copo *old-fashioned* com gelo. Acrescentar no *cocktail* pronto uma cobertura de creme de leite sem misturar.

White Spider – IBA
> 5/10 de menta branca
> 5/10 de vodka

Preparar em copo *old-fashioned* com gelo.

Cocktails à base de gin

Alaska
> 3/4 de gin
> 1/4 de Chartreuse amarelo

Preparar na coqueteleira e servir em copo *short drink*.

Alexander Sister
> 1/3 de gin
> 1/3 de menta branca
> 1/3 de creme de leite
> 1 colher de açúcar

Preparar na coqueteleira e servir em copo *short drink*.

Aliance
> 1/3 de gin
> 1/3 de vermouth seco
> 1/3 de vermouth doce
> 4 gotas de Kummel

Preparar no *mixing-glass* e servir em copo *short drink*.

Alline
> 2/4 de gin
> 1/4 de vinho branco
> 1/4 de licor Frangélico
> 2 gotas de angostura

Preparar no *mixing-glass* e servir em copo *short drink*.

Angel Face
> 1/3 de gin
> 1/3 de abricó
> 1/3 de calvados

Preparar na coqueteleira e servir em copo *short drink*.

Bennett

2/3 de gin
1/3 de suco de limão
1/2 colher de açúcar
2 gotas de angostura

Bater na coqueteleira e servir em copo *short drink* com uma casquinha de limão.

Black Tie

1/3 de gin
1/3 de *apricot brandy*
1/3 de suco de abacaxi

Preparar na coqueteleira e servir em copo *short drink*. Decorar com abacaxi e cereja.

Blenton

2/3 de gin
1/3 de *vermouth* seco
1 gota de angostura

Preparar no *mixing-glass* e servir em copo *short drink*. Decorar com uma azeitona verde.

Blue Sky

2/4 de gin
1/4 de curaçau *blue*
1/4 de suco de limão

Preparar na coqueteleira e servir em copo tulipa. Completar com água tônica. Decorar com fatias de limão e cerejas.

Bronx – IBA

2/10 de suco de laranja
2/10 de *vermouth* seco
2/10 de *vermouth* tinto
4/10 de gin

Preparar na coqueteleira e servir em copo *short drink*.

Carisma

1/2 de gin
1/2 de St. Remy
4 gotas de Tia Maria
mate concentrado

Preparar na coqueteleira. Completar com o mate concentrado e servir em copo *long drink* com canudos. Decorar com folhas de hortelã e rodela de maçã.

Caruso
1/3 de *gin*
1/3 de *vermouth* seco
1/3 de menta verde

Preparar na coqueteleira e servir em copo *short drink*.

Cassino
3/6 de *gin*
1/6 de *orange bitter*
1/6 de suco de limão
1/6 de marasquino
1 cereja

Preparar na coqueteleira e servir em copo *short drink*.

Claridge
2/6 de *gin*
2/6 de *vermouth* seco
1/6 de abricó
1/6 de Cointreau

Preparar no *mixing-glass* e servir em copo *short drink*.

Clássico
1/3 de *gin*
1/3 de *vermouth* tinto
1/3 de licor de morango

Preparar no *mixing-glass* e servir em copo *short drink*. Decorar com morangos.

Clover Club
2/3 de *gin*
1/3 de grenadine
1 colher de suco de limão
1/2 clara de ovo

Preparar na coqueteleira e servir em copo *short drink*.

Derby
1 dose de *gin*

2 gotas de *peach bitter*
2 ramos de menta fresca

Preparar na coqueteleira e servir em copo *short drink*. Decorar com menta fresca.

Diabo-azul

2/4 de *gin*
1/4 de curaçau *triple sec*
1/4 de suco de limão

Preparar na coqueteleira e servir em copo *short drink* com uma fatia de limão.

Dragão-verde

4/10 de *gin*
3/10 de Chartreuse verde
3/10 de *cognac*

Preparar na coqueteleira e servir em copo *old-fashioned* com gelo.

Dubonnet Cocktail

1 dose de Dubonnet
1 dose de *gin*

Preparar no *mixing-glass* e servir em copo *short drink* com casquinha de limão.

Dundee

2/4 de *gin*
1/4 de *whisky*
1/4 de Drambuie
2 colheres de suco de limão

Bater na coqueteleira e servir com gelo em copo *old-fashioned* com uma casquinha de limão.

Flyng Dutchman

1 dose de *gin*
gotas de curaçau

Preparar no *mixing-glass* e servir em copo *short drink* com casquinha de limão.

Foggy Day

2/3 de *gin*
1/3 de Ricard ou Pastis

Bater na coqueteleira e servir em copo *short drink*. Decorar com folhas de hortelã.

Genoa
3/8 de *gin*
3/8 de *grappa*
1/8 de *sambuca*
1/8 de *vermouth* seco

Preparar no *mixing-glass* e servir em copo *short drink* com azeitona verde.

Gibson – IBA
2/10 de *vermouth* seco
8/10 de *gin*

Preparar no *mixing-glass* e servir em copo *short drink*. Decorar com uma cebolinha em conserva.

Gimlet – IBA
3/10 de xarope de lima
7/10 de *gin*

Preparar na coqueteleira e servir em copo *short drink*.

Gin and French – IBA
4/10 de *vermouth* seco
6/10 de *gin*

Preparar no *mixing-glass* e servir em copo *short drink*. Decorar com espiral de limão.

Ginandit – IBA
3/10 de *vermouth* tinto
7/10 de *gin*

Preparar no *mixing-glass* e servir em copo *short drink*. Decorar com uma cereja.

Gin Fizz – IBA
1/10 de xarope de açúcar
2/10 de suco de limão
3/10 de *gin*
4/10 de *club soda*

Preparar na coqueteleira e servir em copo *long drink*. Completar com *club soda*. Decorar com uma fatia de limão e cereja.

Gin Sour

1/3 de suco de limão
2/3 de gin
1 colher de açúcar

Preparar na coqueteleira e servir em copo *short drink* crustado.

Gin-tônica

1 dose de gin
água tônica
1 rodela de limão

Preparar e servir em copo *long drink* com gelo, com uma rodela de limão. Completar com água tônica.

Golden Fizz

3/4 de gin
1/4 de suco de limão
1/2 gema de ovo
1 colher de açúcar

Preparar na coqueteleira e servir em copo *long drink*. Completar com *club soda*.

Grand Slam

2/5 de gin seco
2/5 de vermouth tinto
1/5 de vermouth seco

Preparar na coqueteleira e servir em copo *short drink*.

Granville

4/7 de gin
1/7 de Grand Marnier
1/7 de calvados
1/7 de suco de limão

Preparar na coqueteleira e servir em copo *short drink*.

Horizonte

1/3 de gin
1/3 de curaçau blue
1/3 de creme de leite
1 colher de açúcar

Preparar na coqueteleira e servir em copo *short drink*. Salpicar noz-moscada.

Iceberg

1/2 de gin
1/2 de champagne

Preparar no *mixing-glass* e servir em taça de *champagne* crustada.

Ipiranga

1/4 de gin
1/4 de vermouth branco doce
1/4 de Mandarinetto
1/4 de creme de leite

Preparar na coqueteleira e servir em copo *short drink*. Decorar com um morango.

Itamarati

2/4 de gin
1/4 de licor de abricó
1/4 de suco de laranja

Preparar na coqueteleira e servir em copo *long drink*. Completar com guaraná. Decorar com uma rodela de laranja.

Madonna

1/3 de gin
1/3 de licor de pera
1/3 de licor de frutas silvestres
club soda

Preparar no *mixing-glass* e servir em copo *long drink*. Completar com *club soda*.

Mandau

1/3 de gin
1/3 de St. Remy
1/3 de xarope de morango
soda limonada

Preparar na coqueteleira e servir em copo *long drink*. Completar com soda limonada. Decorar com frutas.

Martini – IBA

Este *cocktail* aparece em três versões:

Dry Martini

2/10 de vermouth seco

8/10 de gin seco

Preparar no *mixing-glass* e servir em copo *short drink*. Decorar com uma azeitona e uma casca de limão.

Medium ou Perfect Martini
1/10 de vermouth tinto
1/10 de vermouth seco
8/10 de gin

Preparar no *mixing-glass* e servir em copo *short drink*. Decorar com casca de limão ou uma cereja.

Sweet Martini
2/10 de vermouth branco doce ou tinto
8/10 de gin

Preparar no *mixing-glass* e servir em copo *short drink*. Decorar com uma cereja.

Matinée
2/4 de gin
1/4 de sambuca
1/2 clara de ovo
1/4 de suco de lima

Preparar na coqueteleira e servir em copo de vinho branco.

Meia-de-seda
1/3 de gin
1/3 de creme de cacau
1/3 de creme de leite

Preparar na coqueteleira e servir em copo *short drink*. Decorar com noz-moscada.

Mint Collins
4/7 de gin
1/7 de licor de menta
2/7 de suco de limão
1 colher de açúcar
4 folhas de hortelã

Preparar na coqueteleira o *gin*, o limão e o açúcar. Servir em copo *long drink* com gelo e completar com *club soda*. Depois colocar o licor de menta e decorar com as folhas de hortelã.

Monkey Gland
> 3/5 de gin seco
> 2/5 de suco de laranja
> 2 gotas de grenadine
> 2 gotas de Pastis

Preparar na coqueteleira e servir em copo *short drink*.

Mordida-de-amor
> 1/2 de gin
> 1/2 de licor de abricó
> gotas de groselha

Preparar no *mixing-glass* e servir em copo *short drink*, acrescentando a groselha.

Negroni – IBA
> 3/10 de vermouth tinto
> 3/10 de Campari
> 4/10 de gin

Preparar em copo *old-fashioned* com gelo. Decorar com uma casca de limão e uma fatia de laranja.

Nelson's Team
> 2/4 de gin
> 1/4 de licor Cuarenta y Tres
> 1/4 de vinho branco

Preparar no *mixing-glass* e servir em copo *short drink*. Decorar com uma cereja.

Orange Blossom
> 1/2 de gin
> 1/2 de suco de laranja

Preparar na coqueteleira e servir em copo *short drink*.

Paradise – IBA
> 2/10 de suco de laranja
> 3/10 de abricó
> 5/10 de gin

Preparar na coqueteleira e servir em copo *short drink*.

Parisian
> 2/5 de gin
> 2/5 de vermouth seco

1/5 de creme de cassis

Preparar no *mixing-glass* e servir em copo *short drink*.

Pink Lady
   1 dose de gin
   2 colheres de suco de lima
   1 colher de creme de leite
   1 colher de groselha
   1/2 clara de ovo

Preparar na coqueteleira e servir em copo de vinho branco.

Princeton
   2/3 de gin seco
   1/3 de vinho do Porto
   2 gotas de orange bitter
   twist de limão

Preparar no *mixing-glass* e servir em copo *short drink*.

Rolls-Royce
   4/9 de gin
   2/9 de vermouth seco
   2/9 de vermouth doce
   1/9 de Bénédictine

Preparar no *mixing-glass* e servir em copo *short drink*.

Roses to Lady
   2/4 de gin
   1/4 de vinho do Porto
   1/4 de licor de creme de rosas

Preparar no *mixing-glass* e servir em copo *short drink*.

San Sebastian
   4/9 de gin
   1/9 de rum
   2/9 de suco de abacaxi
   2/9 de suco de limão
   1 colher de curaçau

Preparar na coqueteleira e servir em copo *short drink*.

Sevilla
   2/5 de gin
   1/5 de sherry

1/5 de suco de laranja
1/5 de suco de limão
1/2 colher de açúcar

Preparar na coqueteleira e servir em copo *short drink* com cereja.

Shava

1/4 de Campari
1/4 de *gin*
2/4 de suco de abacaxi

Preparar no *mixing-glass* e servir em copo *long drink*. Completar com *champagne*.

Silver Fizz

3/4 de *gin*
1/4 de suco de limão
1 clara de ovo
1 colher de açúcar

Preparar na coqueteleira e servir em copo *long drink* com uma rodela de limão. Completar com *club soda*.

Silver Streak

3/5 de *gin*
2/5 de Kummel

Preparar no *mixing-glass* e servir em copo *old-fashioned* com gelo.

Singapore Sling – IBA

2/10 de suco de limão
1/10 de *cherry brandy*
3/10 de *gin*
4/10 de *club soda*

Preparar na coqueteleira e servir em copo *long drink*. Completar com *club soda*.

Soft Kiss

2/6 de *gin*
1/6 de Cointreau
2/6 de creme de leite
1/6 de Grand Marnier

Preparar na coqueteleira e servir em copo *short drink*.

Stardust

4/6 de *gin*

1/6 de *vermouth* seco
1/6 de Pernod ou Pastis

Preparar no *mixing-glass* e servir com gelo em copo *old-fashioned*.

Strawberry Dawn

1/2 de *gin*
1/2 de leite de coco
3 morangos
gelo picado

Preparar no liquidificador e servir em copo *old-fashioned*. Decorar com um morango e servir com canudo.

Strega Sour

4/7 de *gin*
2/7 de suco de limão
1/7 de Strega

Preparar na coqueteleira e servir em copo *short drink* crustado de açúcar.

Tango

2/4 de *gin*
1/4 de *vermouth* doce
1/4 de marasquino

Preparar no *mixing-glass* e servir em copo *short drink*. Decorar com uma cereja.

Tom Collins

2/3 de *gin*
1/3 de suco de limão
1 colher de açúcar
2 gotas de angostura

Preparar na coqueteleira e servir em copo *long drink* com gelo. Completar com *club soda*. Opcionalmente, pode-se decorar com rodela de laranja ou de limão ou com cereja.

White Lady – IBA

2/10 de suco de limão
3/10 de Cointreau
5/10 de *gin*

Preparar na coqueteleira e servir em copo *short drink*.

White Rose
2/4 de gin
1/4 de suco de laranja
1/4 de suco de lima
1/2 clara de ovo
1 colher de açúcar

Preparar na coqueteleira e servir em copo *short drink* com uma cereja.

Woodstock
1/3 de gin
1/3 de curaçau blue
1/3 de St. Remy

Preparar no *mixing-glass* e servir em copo *short drink*.

Cocktails à base de rum

Acapulco
4/7 de rum
1/7 de Cointreau
2/7 de suco de limão
1/2 clara de ovo
1 colher de açúcar

Bater na coqueteleira com gelo e servir em copo *old-fashioned*. Decorar com folhas de hortelã.

Amaralina
2/3 de rum
1/3 de suco de laranja
1 colher de açúcar

Bater na coqueteleira e servir em copo *short drink*. Decorar com uma fatia de laranja.

Bacará
1/3 de rum
1/3 de creme de leite
1/3 de suco de uva

Preparar na coqueteleira e servir em copo *short drink*.

Bacardi Cocktail – IBA
1/10 de xarope de grenadine
3/10 de suco de limão

6/10 de rum branco

Preparar na coqueteleira e servir em copo *short drink*.

Banana Daiquiri – IBA

1/2 banana fresca
1/10 de suco de limão ou lima
3/10 de creme de banana
6/10 de rum branco

Preparar no liquidificador com gelo e servir em copo *old-fashioned*. Decorar com pedaços de banana e canudos.

Beachcomber

2/4 de rum
1/4 de suco de limão
1/4 de Cointreau
1 colher de marasquino

Bater na coqueteleira com gelo e servir em copo *old-fashioned*.

Black Devil

3/4 de rum claro
1/4 de *vermouth* seco

Preparar no *mixing-glass* e servir em copo *short drink* com azeitona preta.

Blue Moon

2/5 de rum
2/5 de *vermouth* seco
1/5 de *parfait amour*

Preparar no *mixing-glass* e servir em copo *short drink*.

Bolero

4/8 de rum claro
3/8 de calvados
1/8 de *vermouth* doce

Bater na coqueteleira com gelo e servir em copo *short drink* com uma casquinha de limão.

Bomba-A

1/3 de rum
1/3 de Cointreau
1/3 de *vermouth* seco

Preparar na coqueteleira e servir em copo *short drink*. Decorar com casquinha de limão.

Bravinardi
    1/3 de rum ouro
    1/3 de vinho branco
    1/3 de *cherry brandy*

Preparar no *mixing-glass* e servir em copo *short drink* com gotas de grenadine. Decorar com uma casca de laranja.

Bushranger
    1/2 de rum claro
    1/2 de Dubonnet
    2 gotas de angostura

Bater na coqueteleira com gelo e servir em copo *short drink* com uma casquinha de limão.

Casa Branca
    4/6 de rum escuro
    1 gota de angostura
    1 colher de suco de limão
    1/6 de curaçau *triple sec*
    1/6 de marasquino

Bater na coqueteleira e servir em copo *short drink*.

Continental
    2/3 de rum claro
    1/3 de suco de lima
    1 colher de açúcar
    1/2 colher de creme de menta

Bater na coqueteleira com gelo e servir em copo *short drink*.

Corkscrew
    2/4 de rum claro
    1/4 de *vermouth* seco
    1/4 de licor de pêssego

Bater na coqueteleira e servir em copo *short drink* com uma fatia de lima.

Cuba-libre
    1 dose de rum claro
    suco de meio limão

cubos de gelo
Coca-Cola
fatia de limão

Colocar o rum e o limão em um copo *long drink* com gelo e mexer bem. Completar com a Coca-Cola. Decorar com uma fatia de limão e servir com um canudo.

Cubana

2/5 de rum
1/5 de groselha
1/5 de marasquino
1/5 de suco de abacaxi

Bater com gelo na coqueteleira e servir em copo *old-fashioned* com um pedacinho de abacaxi.

Daiquiri – IBA

1/10 de xarope de açúcar
3/10 de suco de limão
6/10 de rum claro

Preparar na coqueteleira e servir em copo *short drink*.

Derik

2/4 de rum
1/4 de *vermouth* tinto
1/4 de *amaretto*

Preparar no *mixing-glass* e servir em copo *short drink*.

Devil's Tail

2/7 de rum claro
1/7 de *vermouth* seco
1 colher de licor de abricó
2/7 de *vodka*
1/7 de groselha
1/7 de suco de lima

Preparar no *mixing-glass* e servir em taça de *champagne* com gelo moído.

El Presidente

2/3 de rum ouro
1/3 de *vermouth* seco
1 colher de curaçau

2 colheres de suco de limão
1 colher de groselha

Bater na coqueteleira e servir em copo *short drink* gelado.

Entardecer

1/3 de rum
1/3 de *vermouth* branco doce
1/3 de *cherry brandy*

Preparar no *mixing-glass* e servir em copo *short drink*. Decorar com uva e cereja.

Fragata

1/4 de rum
1/4 de Grand Marnier
1/4 de suco de laranja
1/4 de suco de abacaxi

Preparar na coqueteleira e servir em copo *long drink*. Decorar com pedaços de abacaxi e laranja.

Frozen Daiquiri – IBA

1/10 de xarope de açúcar
3/10 de suco de limão
6/10 de rum claro

Preparar no liquidificador com gelo e servir sem coar em copo *old-fashioned*. Decorar com canudos curtos.

Gauguin

4/7 de rum
1/7 de suco de maracujá
1/7 de suco de lima
1/7 de suco de limão

Preparar no *mixing-glass* e servir em taça de *champagne* com gelo moído. Decorar com uma cereja ao marasquino e canudos curtos.

Granada

1/4 de rum
1/4 de suco de abacaxi
1/4 de suco de laranja
1/4 de marasquino

Preparar na coqueteleira e servir em copo *long drink*.

Hurricane
2/5 de rum claro
2/5 de rum ouro
1/5 de suco de maracujá
2 colheres de suco de lima

Bater na coqueteleira com gelo e servir em copo *short drink*.

Leeward
2/4 de rum claro
1/4 de calvados
1/4 de *vermouth* doce

Bater na coqueteleira e servir em copo *short drink* com uma casquinha de limão.

Leman
1/3 de rum
1/3 de Grand Marnier
1/3 de suco de abacaxi
gotas de grenadine

Preparar na coqueteleira e servir em copo *short drink*. Decorar com uma cereja e hortelã.

Mai Tai – IBA
1/10 de xarope de grenadine
1/10 de xarope de ozzata
2/10 de suco de lima
2/10 de curaçau
2/10 de rum claro
2/10 de rum escuro

Preparar em copo *long drink*. Decorar com um quarto de fatia de abacaxi, duas cerejas e um ramo de hortelã.

Mary Pickford
1/2 de rum claro
1/2 de suco de abacaxi
gotas de grenadine
gotas de marasquino

Preparar na coqueteleira e servir em copo *short drink*.

Milica
1/3 de rum

1/3 de Apry
1/3 de vinho do Porto

Preparar no *mixing-glass* e servir em copo *short drink*.

Peach Daiquiri

2/4 de licor de pêssego
1/4 de rum claro
1/4 de creme de leite

Bater na coqueteleira e servir em copo *short drink*.

Piña Colada – IBA

2/10 de creme de coco
3/10 de rum claro
5/10 de suco de abacaxi

Preparar no liquidificador e servir em copo *long drink*. Decorar com abacaxi, laranja e cereja.

Pink Creole

2/3 de rum escuro
1/3 de suco de lima
1 colher de creme de leite
1 colher de groselha

Bater na coqueteleira com gelo e servir em copo *short drink* com uma cereja ou uma jabuticaba.

Planter's Punch – IBA

São duas as versões:

a) 1/10 de curaçau
1/10 de marasquino
2/10 de suco de limão
2/10 de suco de abacaxi
4/10 de rum claro

Preparar na coqueteleira e servir em copo *long drink*. Decorar com frutas da época. Depois do *cocktail* pronto, colocar duas colheres de rum escuro sobre o *drink*.

b) 1 gota de angostura *bitter*
1/10 de xarope de grenadine
3/10 de suco de limão
6/10 de rum escuro

Preparar em copo *long drink*. Completar com *club soda*. Decorar com uma fatia de laranja e uma cereja.

Polinésia
   2/4 de rum
   1/4 de suco de maracujá
   1/4 de suco de limão
   1/2 clara de ovo
   1 colher de açúcar

Bater na coqueteleira e servir em copo *short drink*.

Rum *Alexander*
   3/9 de rum claro
   3/9 de licor de cacau
   3/9 de creme de leite
   1 colher de açúcar

Bater na coqueteleira e servir em copo *short drink*.

Rum *Fizz*
   1/2 de rum claro
   1/2 de suco de limão
   1 colher de açúcar

Bater na coqueteleira e servir em copo *long drink* com gelo. Completar com *club soda*. Decorar com uma rodela de limão.

Rum *Martini*
   3/4 de rum claro
   1/4 de *vermouth* seco

Preparar no *mixing-glass* e servir em copo *short drink* com uma azeitona ou casquinha de limão.

Sade
   2/4 de rum ouro
   1/4 de creme de menta verde
   1/4 de curaçau
   2 colheres de suco de lima
   1 colher de açúcar

Bater na coqueteleira com gelo e servir em copo *old-fashioned* com uma rodela de limão.

Strawberry Daiquiri – IBA

>3 morangos frescos
>1/10 de suco de limão
>3/10 de licor de morango
>6/10 de rum claro

Preparar no liquidificador e servir em copo *old-fashioned* com gelo. Decorar com morango fresco e canudos cortados.

Tahiti

>2/4 de rum claro
>1/4 de suco de limão
>1/4 de suco de abacaxi
>1/2 colher de marasquino

Bater na coqueteleira e servir em copo *short drink* gelado com uma fatia de laranja.

Tarde-de-verão

>2/4 de rum
>1/4 de *cherry brandy*
>1/4 de suco de lima
>1/2 clara de ovo

Preparar na coqueteleira e servir em copo *short drink*. Decorar com uma cereja.

Tradewinds

>2/4 de rum ouro
>1/4 de suco de limão
>1/4 de *brandy*
>1 colher de açúcar

Bater na coqueteleira com gelo e servir em taça de *champagne* com gelo moído.

Tropical Fizz

>1/3 de rum escuro
>1/3 de suco de abacaxi
>1/3 de rum claro
>3 colheres de suco de limão
>1 colher de açúcar

Bater na coqueteleira e servir em copo *long drink* com soda. Decorar com um pedaço de abacaxi.

Verlane
2/4 de rum
1/4 de menta
1/4 de suco de limão

Preparar na coqueteleira e servir em copo *long drink*. Completar com soda limonada.

Vicky
1/3 de rum
1/3 de licor *mirabelle*
1/3 de *vermouth* rosado

Preparar no *mixing-glass* e servir em copo *short drink*.

Whisper
2/3 de rum
1 colher de groselha
1/3 de suco de limão
1/2 colher de Bénédictine
1/2 colher de Pastis

Bater na coqueteleira e servir em copo *short drink*.

Cocktails à base de tequila e pisco

Bunny Bonanza
2/4 de tequila
1/4 de *brandy*
1/4 de suco de limão
1 colher de açúcar
1/2 colher de curaçau

Preparar na coqueteleira e servir em copo *old-fashioned* com uma rodela de limão.

Champisco
2/6 de pisco
2/6 de St. Remy
1/6 de Grand Marnier
1/6 de *champagne*

Preparar no *mixing-glass* e servir em copo *short drink*. Decorar com uva, laranja e maçã.

Chapala
   2/4 de tequila
   1/4 de suco de laranja
   1/4 de suco de limão
   1 gota de água de flor de laranjeira
   2 colheres de groselha

Preparar na coqueteleira com gelo e servir em copo *old-fashioned* com uma fatia de laranja.

Cocktail de Tequila
   2/3 de tequila
   1/3 de suco de limão
   2 lances de grenadine
   1 colher de clara de ovo
   1 fatia de limão
   1 cereja ao marasquino

Preparar na coqueteleira e servir em copo *old-fashioned*. Decorar com fatia de limão e cereja.

Cristal
   1/3 de tequila
   1/3 de Amer Picon
   1/3 de *vermouth*

Preparar no *mixing-glass* e servir em copo *short drink*. Decorar com uma casca de laranja.

Danuza
   2/4 de tequila
   1/4 de Cointreau
   1/4 de suco de abacaxi

Preparar na coqueteleira e servir em copo *long drink*. Completar com soda limonada. Decorar com hortelã, cerejas e fatia de laranja.

El Matador
   2/7 de tequila
   4/7 de suco de abacaxi
   1/7 de suco de lima

Preparar no *mixing-glass* e servir em copo *old-fashioned* com um bastão de abacaxi.

Latino Drink
> 3/5 de pisco
> 1/5 de Cointreau
> 1/5 de Dubonnet

Preparar no *mixing-glass* e servir em copo *short drink*.

Margarita – IBA
> 2/10 de suco de limão
> 3/10 de Cointreau
> 5/10 de tequila

Preparar na coqueteleira e servir em copo *short drink*. Envolver a borda do copo com limão, passando-o pela polpa, em seguida no sal (salpicar o copo com sal).

Mattequila
> 1/2 de tequila
> 2 colheres de mate concentrado
> 1/2 de curaçau *triple sec*
> gotas de suco de laranja

Preparar na coqueteleira e servir em copo *short drink* crustado com sal.

Mexico Itch
> 3/6 de tequila
> 2/6 de suco de laranja
> 1/6 de marasquino
> 1 lance de groselha

Preparar na coqueteleira e servir em copo *long drink*. Decorar com frutas tropicais.

Mint Tequila
> 2/3 de tequila
> 1/3 de suco de limão
> 1 colher de açúcar
> 10 folhas de hortelã

Preparar na coqueteleira a tequila, o limão e o açúcar; servir em taça de *champagne* com folhas de hortelã amassadas no fundo e gelo moído.

Neptuno
> 2/6 de pisco
> 2/6 de suco de abacaxi

1/6 de *vermouth* seco
1/6 de Mandarinetto
gotas de groselha

Preparar na coqueteleira e servir em copo *short drink*. Decorar com abacaxi e cereja.

Pancho Villa

2/4 de tequila
1/4 de suco de limão
1/4 de suco de maracujá
1 colher de açúcar

Bater na coqueteleira e servir em copo *short drink*.

Pisco Sour

2/3 de pisco
1/3 de suco de limão
1 colher de açúcar
1 colher de clara de ovo
1 gota de angostura

Preparar na coqueteleira e servir em copo *short drink* crustado de açúcar.

Prado

2/4 de tequila
1/4 de suco de lima
1/2 clara de ovo
1/4 de licor de marasquino
1 colher de grenadine

Preparar na coqueteleira e servir em copo *short drink* com uma rodela de limão e uma cereja.

Silk Stockings

3/7 de tequila
1/7 de creme de cacau
1 lance de grenadine
3/7 de creme de leite
canela em pó
1 cereja ao marasquino

Preparar na coqueteleira e servir em copo *old-fashioned*. Salpicar canela em pó e decorar com cereja. Servir com canudos.

Sunset
    2/4 de tequila
    1/4 de suco de lima
    1/4 de groselha

Preparar no *mixing-glass* e servir em copo *old-fashioned* com gelo. Decorar com uma fatia de limão.

Tequila *Fizz*
    1/2 de tequila
    1/2 de suco de limão
    1 colher de açúcar
    gotas de angostura

Preparar na coqueteleira e servir em copo *long drink* com gelo. Completar com *club soda* e salpicar sal.

Tequila *Old-fashioned*
    2 colheres de *club soda*
    2 gotas de angostura
    1 dose de tequila
    1 casquinha de limão
    2 pedacinhos de abacaxi

Num copo *old-fashioned* misturar o açúcar, a angostura e as duas colheres de *club soda*. Depois pôr a casquinha de limão e os pedacinhos de abacaxi, gelo e tequila. Decorar com uma cereja.

Tequila *Sunrise* – IBA

Este *cocktail* apresenta-se em duas versões:

Long Drink
    3/10 de tequila
    7/10 de suco de laranja
    1 lance de xarope de grenadine

Preparar em copo *long drink* com gelo.

Short Drink
    1/10 de xarope de grenadine
    1/10 de suco de limão
    2/10 de licor de ervas
    2/10 de licor de banana
    4/10 de tequila

Preparar na coqueteleira e servir em copo *short drink*.

Tequini – IBA
2/10 de *vermouth* seco
8/10 de tequila

Preparar no *mixing-glass* e servir em copo *short drink*. Decorar com casca de limão.

Cocktails à base de *cognac/brandy*

Alabama
3/4 de cognac
1/4 de suco de limão
1 colher de curaçau
1/2 colher de açúcar

Preparar na coqueteleira e servir em copo *short drink* crustado de açúcar com uma casquinha de laranja.

Alexander – IBA
1/3 de creme de leite
1/3 de creme de cacau
1/3 de *brandy*

Preparar na coqueteleira e servir em copo *short drink*. Pulverizar noz-moscada ralada.

Apolo-IX
1/2 de curaçau
1/2 de cognac
1/2 colher de suco de limão
1 colher de açúcar

Preparar na coqueteleira e servir em copo *short drink*.

Apotheke ou *Corpse Reviver* – IBA
3/10 de creme de menta verde
3/10 de Fernet
4/10 de cognac

Preparar no *mixing-glass* e servir em copo *short drink*.

Banana Bliss – IBA
5/10 de creme de banana
5/10 de cognac

Preparar no *mixing-glass* e servir em copo *old-fashioned*.

B and B – IBA
5/10 de Bénédictine
5/10 de cognac

Preparar diretamente em copo do tipo *xérèz*.

Between the Sheets
1/3 de rum
1/3 de curaçau *triple sec*
1/3 de cognac
suco de limão
casca de limão-taiti

Preparar na coqueteleira e servir em copo *short drink*. Decorar com casca de limão.

Block and Fall
2/6 de cognac
2/6 de Cointreau
1/6 de calvados
1/6 de Pernod

Preparar na coqueteleira e servir em copo *short drink*.

Blow-up Cocktail
1 dose de cognac
gotas de Cointreau
água tônica

Preparar em copo *long drink* com gelo. Decorar com fatia de laranja. Completar com água tônica.

Bombay
2/4 de brandy
1/4 de *vermouth* seco
1/4 de *vermouth* tinto
1 gota de Pernod ou Ricard
2 gotas de curaçau

Preparar na coqueteleira e servir em copo *short drink*.

Brandtini
2/3 de cognac
1/3 de gin
1 colher de *vermouth* seco

Preparar no *mixing-glass* e servir em copo *short drink*. Decorar com uma azeitona.

Brandy Alexander
1/3 de creme de leite
1/3 de cognac
1/3 de creme de cacau
noz-moscada em pó

Preparar na coqueteleira e servir em copo *short drink*. Pulverizar noz-moscada em pó.

Brandy Manhattan
2/3 de cognac
1/3 de vermouth tinto
1 gota de angostura

Preparar no *mixing-glass* e servir em copo *short drink* com uma cereja.

Café Flip
2/3 de cognac
1/3 de vinho do Porto
1 gema de ovo
1 colher de açúcar

Preparar na coqueteleira e servir em copo *short drink* com uma pitadinha de canela.

Champagne Pick-me-up – IBA
1/10 de xarope de grenadine
4/10 de suco de laranja
5/10 de cognac

Preparar na coqueteleira e servir em copo do tipo *flûte*. Completar com *champagne*.

Champs Élysées
2/4 de cognac
1/4 de Chartreuse
1/4 de suco de limão
1 gota de angostura

Preparar na coqueteleira e servir em copo *short drink*.

Chevrolet
2/4 de brandy

1/4 de Cointreau
1/4 de suco de laranja

Preparar na coqueteleira e servir em copo *long drink*. Completar com *champagne*. Decorar com frutas e canudos.

Collins B and B
4/6 de cognac
1/6 de suco de limão
1/6 de Bénédictine
1 colher de açúcar

Preparar na coqueteleira e servir em copo *long drink* com gelo. Completar com *club soda* e adicionar o Bénédictine por último.

Denny
1/3 de brandy
1/3 de Dubonnet
1/3 de cherry brandy

Preparar no *mixing-glass* e servir em copo *short drink*.

Discotheque
2/3 de cognac
1/3 de vermouth doce
1 colher de licor de menta

Preparar na coqueteleira e servir em copo *short drink* com uma cereja.

Dry Cold
4/7 de cognac
2/7 de vermouth seco
1/7 de creme de menta

Preparar na coqueteleira e servir em copo *short drink*.

East India
2/4 de brandy
1/4 de curaçau
1/4 de suco de laranja

Preparar na coqueteleira e servir em copo *short drink*. Decorar com uma cereja.

Egg-Nog – IBA
1 colher de açúcar
1 gema de ovo
1 dose de cognac

Preparar na coqueteleira e servir em copo *old-fashioned*. Completar com leite. Dar um lance de noz-moscada no *cocktail* já pronto.

Estrela-dourada
1/3 de brandy
1/3 de St. Remy
1/3 de champagne
2 gotas de Ricard

Preparar no *mixing-glass* e servir em copo *short drink*. Decorar com uvas.

French Connection – IBA
5/10 de amaretto
5/10 de brandy

Preparar direto em copo *old-fashioned* sobre gelo.

Froupe
1/2 de cognac
1/2 de vermouth doce
1 colher de Bénédictine

Preparar no *mixing-glass* e servir em copo *short drink*.

Harvard
2/3 de cognac
1/3 de vermouth seco
1 colher de groselha
2 colheres de suco de limão

Preparar na coqueteleira e servir em copo *short drink* gelado.

H Bomb
1/3 de cognac
1/3 de whisky
1/3 de Cointreau

Preparar na coqueteleira e servir em copo *short drink*.

Hollywood
2/4 de brandy
1/4 de Bénédictine
1/4 de suco de limão
1 colher de açúcar

Preparar na coqueteleira e servir em copo *long drink*. Completar com hortelã, cerejas e rodela de limão.

Horse's Neck* – IBA
    8/10 de *ginger ale*
    2/10 de *brandy*
    1 lance de angostura

Descascar um limão em forma de espiral e colocar em copo *long drink*. Completar com *ginger ale* e gelo.

Jangada
    2/5 de *cognac*
    1/5 de *cherry brandy*
    1/5 de *vermouth* seco
    1/5 de suco de laranja

Preparar na coqueteleira e servir em copo *long drink*. Completar com *champagne*.

L' Amour
    1/3 de *brandy*
    1/3 de Ricard
    1/3 de grenadine

Preparar em copo *long drink* e decorar com hortelã, cerejas e abacaxi.

Marquês-de-Pombal
    2/3 de *brandy*
    1/3 de *vermouth* branco doce
    1 lance de marasquino

Preparar no *mixing-glass* e servir em copo *short drink*. Decorar com cereja e casca de laranja.

Naterbury
    2/3 de *cognac*
    1/3 de suco de lima
    1/2 clara de ovo
    1/2 colher de groselha
    1/2 colher de açúcar

Bater na coqueteleira e servir em copo *short drink* crustado de açúcar.

Noite-de-Paris
    1/4 de *cognac*
    1/4 de curaçau *triple sec*

---

* Horse's Neck é um *long drink* famoso em todo o mundo. Em sua versão consagrada utiliza-se o *whisky* americano ou canadense.

1/4 de licor de abricó
1/4 de creme de leite

Preparar na coqueteleira e servir em copo *short drink*.

Picasso

2/4 de cognac
1/4 de Dubonnet
1/4 de suco de limão
1 colher de açúcar

Preparar na coqueteleira e servir em copo *short drink* com uma casquinha de laranja.

Regent

1/3 de brandy
1/3 de suco de limão
1/3 de licor de cassis

Preparar na coqueteleira e servir em copo *short drink*.

Revolution

2/4 de brandy
1/4 de Fiori d'Alpi
1/4 de vermouth rosado

Preparar no *mixing-glass* e servir em copo *short drink*.

Sandra

2/3 de brandy
1/3 de menta branca
gotas de groselha

Preparar em copo *long drink*. Completar com soda limonada. Decorar com laranja, hortelã e cerejas.

Sidecar – IBA

1/10 de suco de limão
3/10 de Cointreau
6/10 de cognac

Preparar na coqueteleira e servir em copo *short drink*.

Society

2/4 de brandy
1/4 de marasquino
1/4 de suco de limão

Preparar na coqueteleira e servir em copo *long drink*. Completar com *champagne*. Decorar com hortelã e cerejas.

Stinger – IBA
3/10 de creme de menta branca
7/10 de cognac

Preparar na coqueteleira e servir em copo *old-fashioned* com gelo.

Via Veneto
2/4 de cognac
1/4 de sambuca
1/4 de clara de ovo
1 colher de suco de limão
1 colher de açúcar

Preparar na coqueteleira e servir em copo *old-fashioned*.

Xanadu
3/4 de brandy
1/4 de menta
gotas de suco de limão

Preparar no *mixing-glass* e servir em copo *long drink*. Completar com soda limonada. Decorar com espiral de limão, cereja e hortelã.

Zaratustra Flip
1/3 de cognac
1/3 de Grand Marnier
1/3 de creme de leite
1 gema de ovo

Preparar na coqueteleira e servir em copo *short drink*. Decorar com canela em pó (opcional).

Cocktails tropicais

Água-viva
3/10 de vodka
2/10 de curaçau blue
3/10 de suco de abacaxi
2/10 de suco de laranja

Preparar na coqueteleira e servir em copo *long drink*. Completar com soda limonada. Decorar com fatia de laranja, cerejas e hortelã.

Alvorada

    1/4 de *vodka*
    1/4 de licor de abricó
    1/4 de *vermouth* branco doce
    1/4 de suco de abacaxi
    2 gotas de groselha

Preparar na coqueteleira e servir em copo *short drink*. Decorar com fatias de maçã e uma cereja.

Beijo-tropical

    3/4 de *vodka*
    1/4 de curaçau *triple sec*
    leite de coco
    suco de abacaxi
    1 colher de açúcar
    gotas de groselha

Preparar na coqueteleira e servir em copo *long drink*. Decorar com abacaxi, casca de laranja e cereja.

Bethe

    2/3 de *vodka*
    1/3 de licor de abricó
    gotas de grenadine

Preparar na coqueteleira e servir em copo *long drink*. Completar com *champagne*. Decorar com uma rodela de abacaxi, uma cereja e dois canudos.

Blue Gin

    2/4 de *gin*
    1/4 de curaçau *blue*
    1/4 de *vermouth* seco

Preparar no *mixing-glass* e servir em copo *short drink*. Decorar com uma casca de limão e uma cereja.

Boston

    1/5 de *vodka*
    1/5 de suco de abacaxi
    1/5 de suco de manga
    1/5 de suco de laranja
    1/5 de *cherry brandy*
    gotas de groselha

Preparar na coqueteleira e servir em copo tulipa. Decorar com laranja, abacaxi e cereja.

Brasil-tropical
>1/4 de rum
>1/4 de suco de graviola
>1/4 de suco de pera
>1/4 de licor Bénédictine
>gotas de groselha

Preparar na coqueteleira e servir em copo *long drink*. Completar com soda limonada. Decorar com um ramo de hortelã e cerejas.

Caju-amigo
>3/4 de gin
>1/4 de suco de caju
>1 colher de chá de açúcar

Preparar na coqueteleira e servir em copo *long drink*. Completar com *club soda*. Decorar com abacaxi, cerejas e hortelã.

Calipso
>2/5 de gin
>1/5 de xarope de banana verde
>1/5 de licor de coco
>1/5 de suco de melão

Preparar na coqueteleira e servir em copo *long drink*. Completar com soda limonada. Decorar com frutas.

Campeão
>3/6 de vodka
>1/6 de suco de abacaxi
>1/6 de suco de laranja
>1/6 de Mandarinetto

Preparar na coqueteleira e servir em copo *short drink*. Decorar com abacaxi, laranja e cereja.

Cancún
>3/6 de tequila
>1/6 de licor de abricó
>1/6 de cherry brandy
>1/6 de suco de mamão

Preparar na coqueteleira e servir no mamão-amazonas. Decorar com guarda-chuva de papel, hortelã e cereja.

Cash Baby

3/10 de tequila
3/10 de licor de pêssego
3/10 de suco de abacaxi
1/10 de creme de coco
meia bola de sorvete de morango

Preparar na coqueteleira e servir em copo *long drink*. Decorar com abacaxi, cerejas e hortelã.

Cocktail de Champagne

1/2 de brandy
1/2 de Grand Marnier
3 gotas de angostura

Preparar no *mixing-glass* e servir em taça de *champagne* com gelo moído. Completar com *champagne*.

Colúmbia

1/4 de vodka
2/4 de vermouth tinto
1/4 de licor de banana

Preparar na coqueteleira e servir em copo *short drink*. Decorar com banana, figo e cerejas.

Cores-de-verão

2/5 de vodka
1/5 de suco de abacaxi
1/5 de suco de laranja
1/5 de curaçau
gotas de groselha

Preparar na coqueteleira e servir em copo *long drink*. Decorar com cerejas no canudo e um triângulo de abacaxi.

Côte d'Azur

2/3 de vodka
1/3 de curaçau blue
1 gota de angostura

Preparar no *mixing-glass* e servir em copo *short drink*. Decorar com uma cereja e casca de laranja.

Crioulo
1/3 de *cherry brandy*
1/3 de suco de pêssego
1/3 de suco de abacaxi

Preparar na coqueteleira e servir no abacaxi. Completar com *champagne*. Decorar com azeitonas, pêssego ou cerejas.

Davana
2/4 de rum
1/4 de licor *parfait amour*
1/4 de suco de abacaxi

Preparar na coqueteleira e servir em copo *long drink*. Completar com *champagne*. Decorar com fatias de abacaxi e uma cereja.

Enseada
2/8 de *gin*
1/8 de curaçau *blue*
2/8 de suco de abacaxi
3/8 de suco de banana concentrado

Preparar na coqueteleira e servir em copo *long drink*. Completar com *champagne*. Decorar com rodela de maçã, hortelã e cerejas.

Fantástico
3/4 de rum
1/4 de Grand Marnier

Preparar no *mixing-glass* e montar em *grapefruit*. Completar com suco de abacaxi e suco de goiaba. Decorar com maçã, cereja e ramos de hortelã.

Favorito-de-Beth
4/6 de *vodka*
1/6 de licor de abricó
1/6 de suco de abacaxi

Preparar na coqueteleira e servir em copo *long drink*. Completar com *champagne*. Decorar com fatias de laranja, abacaxi e cereja.

Fruto-do-amor
3/8 de *vodka*
1/8 de *vermouth* branco doce
1/8 de licor Mandarinetto
2/8 de suco de laranja

1/8 de suco de abacaxi

Preparar na coqueteleira e servir no abacaxi. Decorar com cerejas.

Funchal

2/4 de vodka
1/4 de marasquino
1/4 de suco de abacaxi

Preparar na coqueteleira e servir no melão. Decorar com frutas e canudos.

Geronimo Punch

2/4 de rum
1/4 de suco de laranja
1/4 de suco de limão
1 colher de açúcar

Preparar na coqueteleira e servir em copo *long drink*. Decorar com ramo de hortelã, laranja e cerejas.

Golden Peach

4/10 de vodka
2/10 de licor de pêssego
4/10 de suco de laranja

Preparar na coqueteleira e servir em copo *long drink*. Completar com soda limonada. Decorar com fatia de laranja.

Jangal Cocktail

1/4 de brandy
1/4 de vermouth branco doce
1/4 de cherry brandy
1/4 de champagne

Preparar em copo *long drink*. Completar com suco de laranja. Decorar com frutas da época.

London

2/4 de rum
1/4 de apricot brandy
1/4 de suco de laranja
gotas de groselha

Preparar na coqueteleira e servir em copo *old-fashioned* com gelo moído. Decorar com cerejas, laranja e limão.

Luar-do-sertão I

1/3 de curaçau *triple sec*
1/3 de *vermouth* rosado
1/3 de suco de manga
2 colheres de açúcar

Preparar na coqueteleira e servir em copo *long drink*. Completar com soda limonada. Decorar com frutas da época.

Mabelle

3/4 de *whisky*
1/4 de Mandarinetto

Preparar no *mixing-glass* e servir em copo *long drink*. Completar com água de coco gelada. Decorar com fatias de melão e cerejas.

Madeira

2/4 de *vodka*
1/4 de marasquino
1/4 de suco de abacaxi
gotas de groselha

Preparar na coqueteleira e servir no mamão-amazonas. Decorar com cerejas e ramos de hortelã.

Mai Tai II

3/6 de rum
2/6 de curaçau *triple sec*
1/6 de suco de limão
1/2 colher de açúcar
1 gota de angostura

Preparar na coqueteleira e servir em copo *long drink*. Decorar com abacaxi, hortelã e cerejas.

Malibu Beach

3/6 de bagaceira
1/6 de xarope de *kiwi*
1/6 de suco de melão
1/6 de licor de coco

Preparar na coqueteleira e servir em copo *long drink*. Completar com soda limonada. Decorar com frutas.

Maracanã I
2/4 de *vodka*
1/4 de Cointreau
1/4 de suco de abacaxi
1 colher de açúcar

Preparar na coqueteleira e servir em copo *long drink*. Decorar com maçã e cerejas.

Minuano
2/5 de rum
1/5 de Cointreau
2/5 de Mandarinetto
5 gotas de groselha

Preparar na coqueteleira e servir em copo tulipa. Completar com soda limonada. Decorar com meia laranja oca, ramos de hortelã, cerejas e gelo seco.

Miss-Amazonas
1/5 de rum
1/5 de licor de banana
1/5 de marasquino
1/5 de suco de maracujá
1/5 de suco de abacaxi
5 gotas de groselha

Preparar na coqueteleira e montar no mamão-amazonas. Decorar com dois canudos e três cerejas em forma de triângulo.

Nuvem-azul
3/5 de rum
1/5 de creme de coco
1/5 de licor de pêssego

Preparar na coqueteleira e servir em copo *long drink*. Completar com guaraná e gotas de curaçau *blue*. Decorar com fatia de abacaxi e cereja.

Paraíso-tropical
2/6 de *gin*
2/6 de Cointreau
1/6 de suco de abacaxi
1/6 de suco de caju

gotas de marasquino
gotas de groselha

Preparar na coqueteleira e servir em copo *long drink*. Decorar com melão, abacaxi, cerejas, limão e ramos de hortelã.

Paraty

3/6 de *vodka*
1/6 de suco de laranja
1/6 de licor de banana
1/6 de sorvete de creme

Preparar na coqueteleira e servir em copo *long drink*. Decorar com frutas.

Patropi

1/3 de Grand Marnier
1/3 de suco de abacaxi
1/3 de calda de cerejas

Preparar na coqueteleira e servir em copo *long drink*. Decorar com cerejas, fatia de abacaxi e laranja.

Peach of Love

3/10 de *gin*
2/10 de licor de pêssego
1/10 de curaçau *triple sec*
4/10 de suco de laranja
gotas de groselha

Preparar na coqueteleira e servir em copo *long drink*. Decorar com rodela de laranja, cerejas e hortelã.

Porto-santo

3/10 de *vodka*
2/10 de curaçau *blue*
3/10 de suco de laranja
2/10 de suco de abacaxi

Preparar na coqueteleira e servir em copo *long drink*. Decorar com laranja, cerejas e hortelã.

Pousse-Café

1/7 de *brandy*
1/7 de grenadine
1/7 de anisete

1/7 de *parfait amour*
1/7 de creme de menta
1/7 de Mandarinetto
1/7 de Strega

Preparar na coqueteleira e servir em copo *short drink*.

Robin Hood

3/6 de *whisky*
1/6 de curaçau *triple sec*
1/6 de suco de laranja
1/6 de *fraise* (licor)

Preparar na coqueteleira e servir em copo *long drink*. Decorar com frutas.

Sea Star

3/6 de *vodka*
1/6 de suco de abacaxi
1/6 de xarope de *kiwi*
1/6 de licor de pêssego

Preparar na coqueteleira e servir em copo *long drink*. Decorar com frutas (abacaxi-estrela).

Sergipe-tropical

3/6 de rum
2/6 de suco de abacaxi
1/6 de abricó
gotas de groselha

Preparar na coqueteleira e servir dentro de um coco.

Singapore Sling II

2/4 de *gin*
1/4 de *cherry brandy*
1/4 de suco de limão
1 colher de açúcar

Preparar na coqueteleira e servir em copo *long drink*. Completar com *club soda*. Decorar com rodelas de limão e cereja.

Slims

4/5 de *vodka*
1/5 de licor de laranja
gotas de grenadine

1 colher de açúcar
gotas de angostura

Preparar na coqueteleira e servir em copo tulipa. Decorar com espiral de laranja, gelo picado e cerejas.

Tavern Cocktail
3/10 de vodka
3/10 de Cointreau
2/10 de calda de cereja
2/10 de suco de abacaxi

Preparar na coqueteleira e servir em copo *long drink*. Completar com *club soda*. Decorar com espiral de laranja e abacaxi.

Terra-de-Santa-Cruz
2/6 de gin
1/6 de abricó
1/6 de leite de coco
2/6 de suco de caju

Preparar na coqueteleira e servir em copo *long drink*. Decorar com abacaxi, cereja, hortelã e grenadine no fundo do copo.

Cocktails à base de café e *grog*

American Grog
1/4 de brandy
1/4 de rum
1/4 de curaçau
1 colher de mel

Preparar na coqueteleira todos os ingredientes e servir em copo de *grog*. Completar com chá fervendo. Decorar com rodela de limão.

Boneca-de-piche
1/3 de café quente
2/3 de calvados
3 gotas de marasquino
1 colher de açúcar
chantilly
1 cereja
grãos de café

Colocar os ingredientes diretamente em copo do tipo *flûte*, seguindo a ordem indicada, reservando o creme, a cereja e o café. Completar com *chantilly*. Decorar com a cereja e o café. Servir com canudinho.

Brazilian Coffee
1/2 de *brandy*
1/2 de café quente
1 colher de açúcar
1 bola de sorvete de chocolate

Preparar na coqueteleira e servir em copo *old-fashioned* com canudinho.

Café Califórnia
1/3 de café quente
1/3 de *Irish whiskey*
1/3 de creme de pêssego
1 colher de açúcar
chantilly
1 folha de café
1 pedaço de pêssego
1 cereja

Diretamente no copo do tipo *champagne* de pé alto, colocar os ingredientes indicados, mexer ligeiramente com uma colher e completar com o *chantilly*. Decorar com a folha de café e o pêssego.

Café Capri
2/4 de café
1/4 de rum
1/4 de *amaretto*
1 colher de *chantilly*
amêndoas inteiras

Juntar tudo, reservando o *chantilly* e as amêndoas. Bater na coqueteleira com gelo, coar e colocar em copo do tipo *flûte*. Terminar com o *chantilly* e decorar com as amêndoas. Servir com canudinho.

Café-de-inverno
2/4 de café quente
1/4 de *gin*
1/4 de licor de ameixas
1 colher de açúcar

chantilly
ameixas em calda

Montar no próprio copo do tipo *flûte*, seguindo a ordem indicada. Mexer e terminar com o *chantilly*. Decorar com ameixas. Servir com canudinho.

Café *Jerez*

1/3 de café quente
1/3 de *brandy*
1/3 de *sherry*
1 colher de açúcar
chantilly
1 pitada de noz-moscada

Juntar todos os ingredientes na coqueteleira, menos o *chantilly* e a noz-moscada para decorar. Bater com gelo e coar. Colocar em copo do tipo vinho branco. Servir com canudinho.

Café-parisiense

2/4 de café quente
1/4 de *brandy*
1/4 de Grand Marnier
1 colher de açúcar
chantilly
raspas de laranja

Colocar tudo na coqueteleira, reservando o *chantilly* e as raspas de laranja. Bater bem com gelo, coar e passar para o copo do tipo vinho branco. Terminar com o *chantilly* e decorar com as raspas de laranja. Servir com canudinho.

Café-russo

2/4 de café quente
1/4 de *vodka*
1/4 de licor de melão
1 colher de açúcar
canela em rama
1 cereja

Colocar em copo do tipo *flûte* todos os ingredientes, seguindo a ordem indicada e reservando a canela e a cereja para decorar. Servir com canudinho.

Café-vienense (2 doses)

    4 pedacinhos de chocolate meio amargo
    4 colheres de açúcar
    4 colheres de sopa de creme de leite
    4 xícaras de café bem forte
    chantilly
    canela, cacau ou raspas de laranja, conforme o gosto

Derreter o chocolate, o açúcar e o creme em fogo brando. Juntar o café e levar ao fogo sem deixar ferver. Colocar em xícaras grandes. Guarnecer com o *chantilly* e, sobre ele, colocar a canela, o cacau em pó, ou as raspas de laranja, em pequena quantidade.

Castor Coffee

    1/3 de café quente
    1 colher de açúcar
    1/3 de creme de cacau
    1/3 de armagnac
    chantilly
    1 pitada de café em pó

Diretamente no copo do tipo *cognac*, colocar os ingredientes, seguindo a ordem indicada, reservando o *chantilly* e o pó de café. Mexer ligeiramente com uma colher e terminar com o *chantilly*, decorando com o café em pó. Servir com canudinho.

Cherry Coffee

    2/4 de café quente
    1/4 de *vodka*
    1/4 de *cherry brandy*
    1 colher de açúcar

Colocar em copo do tipo vinho branco, seguindo a ordem dos ingredientes. Misturar levemente com uma colher e terminar com o *chantilly*. Decorar com uma cereja. Servir com canudinho.

Cocktail Alexandra

    2/4 de café
    1/4 de creme de cacau
    1/4 de *chantilly*
    chocolate granulado

Bater fortemente na coqueteleira com gelo, coar e colocar em copo *short drink*. Guarnecer com o *chantilly* e com o chocolate. Servir com canudinho.

Cooler de Café

2/4 de café frio
1/4 de suco de laranja
1/4 de suco de abacaxi
1 colher de açúcar
alguns pedaços de laranja e abacaxi

Bater tudo na coqueteleira com gelo, reservando as frutas em pedaços. Colocar em copo *old-fashioned* e decorar com as frutas. Servir com canudinho.

Feitiço-de-mulata

1/3 de café quente
1/3 de *vodka*
1/3 de creme de cacau
1 colher de açúcar
chantilly
chocolate granulado

Juntar todos os ingredientes, reservando o *chantilly* e o chocolate. Bater bem na coqueteleira com gelo, coar e colocar em copo do tipo *flûte*. Completar com o *chantilly* e decorar com o chocolate granulado. Servir com canudinho.

French Egg-Nog

1 dose de *cognac*
2 gemas de ovos
leite quente
1 colher de açúcar
noz-moscada

Bater na coqueteleira e servir em copo de *grog*. Completar com leite quente e salpicar noz-moscada.

Grog de Paris

1/2 de rum
1/2 de *cognac*
1 colher de açúcar

Colocar os ingredientes em copo de *grog*. Misturar e completar com água fervendo e gotas de limão.

Grog de Rum ou *Cognac*

1 dose de rum ou *cognac*
1 colher de açúcar

casca de limão
cravos-da-índia

Colocar em copo de *grog* todos os ingredientes e misturar bem. Completar com água fervendo e decorar com rodela de limão com três cravos espetados.

Grog Egg-Nog

1 dose de *whisky*
3 ovos inteiros
2 colheres de água fervendo
leite quente
1 colher de açúcar
canela em pó

Bater na coqueteleira todos os ingredientes e servir em copo de *grog*. Completar com leite quente e polvilhar canela em pó.

Honey Grog

1 dose de *brandy*
1 colher de sopa de mel

Bater na coqueteleira e servir em copo de *grog*. Completar com água fervendo e decorar com rodela de limão.

Irish Coffee – IBA

2 colheres de açúcar
1 dose de *Irish whiskey*
café quente
creme de leite

Misturar o café, o açúcar e o *whiskey*; servir em copo especial para *grog*. Depois acrescentar o creme de leite levemente batido, escorrendo-o pela borda do copo sem misturá-lo.

Jonka Parcurssky (10 pessoas)

1 litro de *champagne brut*
1/2 abacaxi picado
1 dose de *Kirsch*

Colocar o *champagne* numa panela para aquecer. Adicionar depois os pedaços de abacaxi e o *Kirsch*. Servir quente em copo de *grog* com abacaxi.

Julep de Café

2/4 de café quente

1/4 de creme de menta
1/4 de *gin*
1 colher de açúcar
folhas de hortelã

Reservar as folhas de hortelã e bater o restante na coqueteleira, agitando com força. Colocar em copo *old-fashioned*. Decorar com hortelã, polvilhando açúcar. Servir com canudinho.

Mary Joe Coffee

1/3 de café quente
1/3 de *amaretto*
1/3 de *gin*
chantilly
amêndoas raladas e tostadas

Diretamente na taça de *champagne* de pé alto, colocar os ingredientes, reservando o *chantilly* e as amêndoas. Mexer ligeiramente com uma colher e completar com o *chantilly*. Decorar com as amêndoas. Servir com canudinho.

Mazagran

3/4 de café frio
1 colher de açúcar
1/4 de suco de limão
uma casca de limão cortada em espiral

Colocar a casca de limão dentro de um copo *short drink*, mantendo a forma de espiral. Encher o copo com gelo moído. Em outro copo, misturar o café com o limão e o açúcar. Colocar sobre o gelo e servir com canudinho.

Melba Coffee

1 dose de café quente
1 colher de calda de pêssego
1 bola de sorvete de creme
chantilly
meio pêssego em calda e uma cereja

Juntar todos os ingredientes na coqueteleira, reservando o *chantilly* e as frutas. Bater bem com gelo e colocar em copo *long drink* sem coar. Completar com o *chantilly* e decorar com as frutas. Servir com canudinho.

Ouro-preto

1/3 de café quente
1 colher de açúcar
1/3 de creme de café
1/3 de *bourbon whiskey*
chantilly
1 cereja

Diretamente na taça de *champagne* de pé alto, colocar os ingredientes indicados, mexer ligeiramente com uma colher e terminar com o *chantilly*. Decorar com uma folha de café e com uma cereja. Servir com canudinho.

Quentão Brasileiro (10 pessoas)

1 litro de aguardente de cana
1 litro de água
suco de 3 limões
raízes de gengibre a gosto
cravo-da-índia a gosto
canela em pau a gosto
açúcar a gosto

Colocar todos os ingredientes numa panela, deixar ferver por meia hora e servir em copos de plástico ou canecas.

Rock Banana

1/3 de café quente
1/3 de licor de banana
1 colher de açúcar
1/3 de rum
1 banana-da-terra

Cortar a ponta da banana. Retirar a polpa mantendo a casca intacta. Colocar o café e todos os ingredientes na coqueteleira e bater com gelo. Encher a casca reservada mantendo-a na posição vertical, apoiando-a sobre três palitos, formando um tripé. Colocar a ponta da banana cortada e servir com canudinho.

Saci-manhoso

1/4 de calda de cereja
chantilly
1 folha de café
1 cereja
1/4 de café quente

1 colher de açúcar
2/4 de *whisky*

Bater todos os ingredientes na coqueteleira com gelo, reservando o *chantilly*, a folha de café e a cereja. Colocar em copo *old-fashioned*, completar com o *chantilly* e decorar com a folha de café e a cereja. Servir com canudinho.

Sol-nascente-de-café (sem álcool)

1/3 de leite
1/3 de café
1/3 de creme de leite
1 ovo
1 colher de açúcar
noz-moscada

Juntar tudo no liquidificador (menos a noz-moscada) e bater bem com gelo. Colocar em copo tulipa e polvilhar a noz-moscada. Servir com canudinho.

Turin Coffee

2/4 de café quente
1/4 de *whisky*
1/4 de Mandarinetto
1 colher de açúcar
chantilly
chocolate granulado
1 cereja

Reservar o *chantilly*, o chocolate e a cereja. Colocar o restante na coqueteleira e agitar bem com gelo. Coar e passar para um copo do tipo vinho branco. Terminar com o *chantilly* e decorar com o chocolate e a cereja. Servir com canudinho.

Yankee Coffee

1 gema de ovo
1 colher de açúcar
3/4 de café quente
1/4 de vinho do Porto
chantilly
canela em pó

Bater tudo junto com gelo, agitando bem a coqueteleira. Colocar em copo do tipo *flûte*, coando a mistura. Terminar com o *chantilly* e com a canela. Servir com canudinho.

Cocktails variados

Adonis

    2/3 de *sherry* seco
    1/3 de *vermouth* tinto
    1 gota de *orange bitter*

Espremer uma casca de laranja. Preparar no *mixing-glass* e servir em copo *short drink*.

Americano – IBA

    5/10 de *vermouth* tinto
    5/10 de Campari

Preparar em copo *old-fashioned*. Completar com um lance de *club soda* e decorar com meia fatia de laranja e uma casca de limão.

Andaluzia

    4/6 de *sherry* seco
    1/6 de *cognac*
    1/6 de rum
    1 gota de angostura

Preparar no *mixing-glass* e servir em copo *short drink* gelado.

Bamboo

    1/2 de *sherry* seco
    1/2 de *vermouth* seco
    1 gota de *orange bitter*

Preparar no *mixing-glass* e servir em copo *short drink*. Espremer uma casca de limão.

Banana Cow

    3/7 de creme de leite
    2/7 de rum claro
    2/7 de creme de banana
    1 lance de grenadine
    noz-moscada em pó
    3 rodelas de banana

Preparar na coqueteleira e servir em copo *short drink*. Decorar com rodelas de banana e noz-moscada.

Belline – IBA

    3/10 de suco de pêssego (natural)

7/10 de *champagne brut* (gelado)

Preparar e servir em copo do tipo *flûte*.

Bem-me-quer
2/6 de Campari
3/6 de *vermouth* tinto
1/6 de Grand Marnier
2 gotas de angostura

Preparar no *mixing-glass* e servir em copo *short drink*. Decorar com uma casca de laranja.

Bentley
1/2 de calvados
1/2 de Dubonnet

Preparar na coqueteleira e servir em copo *short drink*.

Bitter Sweet
1/2 de *vermouth* doce
1/2 de *vermouth* seco
2 gotas de angostura

Preparar no *mixing-glass* e servir em copo *old-fashioned*. Decorar com casquinha de laranja.

Brown Cow
1/5 de Kahlua
4/5 de leite
noz-moscada em pó

Preparar no *mixing-glass* e servir em copo *old-fashioned*. Salpicar noz-moscada.

Buck's Fizz, Mimosa – IBA
4/10 de suco de laranja
6/10 de *champagne* gelado

Preparar e servir em copo do tipo *flûte*.

Butterfly
2/7 de *vermouth* seco
2/7 de *vermouth* doce
2/7 de Dubonnet
1/7 de suco de laranja

Bater na coqueteleira e servir em copo *old-fashioned* com gelo.

Center **Especial**

>3/4 de St. Raphaël
>1/4 de whisky
>2 gotas de Fernet

Preparar no *mixing-glass* e servir em copo *short drink* com uma casquinha de laranja.

Champagne **Cocktail – IBA**

>9/10 de champagne gelado
>2 gotas de angostura
>1/4 de colher de açúcar
>1/10 de cognac

Preparar e servir em copo do tipo *flûte*. Completar com *champagne* gelado. Decorar com meia fatia de laranja.

Cocktail **de Maracujá**

>1/3 de amaretto
>1/3 de rum claro
>1/3 de suco de maracujá
>2 colheres de xarope de morango
>2 colheres de creme de leite
>canela em pó
>1 morango
>raminho de hortelã

Preparar na coqueteleira e servir em copo *short drink*. Pulverizar noz-moscada e decorar com folhas de hortelã e morango.

Combo

>1 dose de vermouth seco
>1/2 colher de curaçau
>1/2 colher de açúcar
>3 gotas de angostura
>1 colher de cognac

Preparar na coqueteleira e servir em copo *old-fashioned* com gelo.

Garibaldi **– IBA**

>3/10 de Campari
>7/10 de suco de laranja

Preparar em copo *old-fashioned* com gelo. Decorar com meia fatia de laranja.

Golden Cadillac – IBA
- 1/3 de creme de leite
- 1/3 de creme de cacau branco
- 1/3 de licor Galliano

Preparar na coqueteleira e servir em copo *short drink*.

Golden Dream – IBA
- 1/4 de creme de leite
- 1/4 de suco de laranja
- 1/4 de Cointreau
- 1/4 de licor Galliano

Preparar na coqueteleira e servir em copo *short drink*.

Gold Passion
- 1/2 de rum claro
- 1/2 de *vodka*
- suco de abacaxi
- 1 cereja
- 2 folhas de abacaxi

Preparar e servir em copo *old-fashioned* com gelo. Completar com suco de abacaxi. Decorar com fatia de abacaxi, cereja e folhas de abacaxi. Servir com canudos.

Grasshopper – IBA
- 1/3 de creme de leite
- 1/3 de creme de cacau branco
- 1/3 de creme de menta verde

Preparar na coqueteleira e servir em copo *short drink*.

Green Demon
- 1/3 de rum claro
- 1/3 de licor de melão
- 1/3 de *vodka*
- soda limonada
- 1 pedaço de melancia
- 1 cereja

Preparar na coqueteleira e servir em copo *long drink* com gelo. Completar com soda limonada. Decorar com pedaço de melancia e cereja. Servir com canudos.

Harmonia

>3/4 de vinho branco
>1/4 de St. Remy
>1/4 de curaçau *blue*
>1 gota de angostura

Preparar no *mixing-glass* e servir em copo *short drink*. Decorar com cereja.

Hummer

>1/2 de Kahlua
>1/2 de rum claro
>1 bola de sorvete de creme
>chocolate em pó

Preparar na coqueteleira e servir em copo *old-fashioned*. Salpicar chocolate.

Italiano

>4/7 de *vermouth* tinto
>2/7 de *vermouth* seco
>1/7 de Fernet Branca

Preparar e servir em copo *long drink*. Completar com *club soda*. Decorar com uma casca de limão em espiral.

Italian Sun

>1/2 de Mandarinetto
>1/2 de *grappa*
>1 colher de suco de limão

Preparar na coqueteleira e servir em copo *long drink* com gelo. Completar com água tônica.

King Alfonso

>1/2 de licor de café
>1/2 de *chantilly*

Não misturar. Preparar e servir em copo *old-fashioned*.

Kir – IBA

>1/10 de creme de *cassis*
>9/10 de vinho branco gelado

Preparar e servir em copo do tipo *flûte*.

Kir Imperial
  1/5 de creme de framboesa
  4/5 de *champagne* bem gelado

Preparar e servir em copo do tipo *flûte*.

Kir Royal – IBA
  1/10 de creme de *cassis*
  9/10 de *champagne* gelado

Preparar e servir em copo do tipo *flûte*.

Mango Bellini
  1/2 de suco de manga
  1/2 de *champagne* gelado
  1 fatia de manga

Preparar e servir em taça de *champagne*. Decorar com fatia de manga.

Marabá
  1/5 de Campari
  2/5 de vinho branco
  2/5 de St. Remy

Preparar no *mixing-glass* e servir em copo *short drink*. Decorar com casca de laranja e cereja.

Melon Sour
  1/3 de licor de melão
  2/3 de suco de limão
  1 clara de ovo
  2 bolinhas de melão
  1 cereja

Preparar na coqueteleira e servir em copo *old-fashioned*. Decorar com bolinhas de melão e cereja.

Menta *Frappé*
  1 dose de menta verde
  gelo moído

Encher o copo com o gelo e colocar a menta. Servir em copo *long drink*.

Monet
  1/4 de *kiwi*
  3/4 de *champagne*

Preparar na coqueteleira e servir em copo *short drink*.

Namoro
    1/3 de St. Remy
    1/3 de curaçau *blue*
    1/3 de suco de limão

Preparar na coqueteleira e servir em copo *short drink*. Decorar com cereja.

Peach Blossom
    4/5 de licor de pêssego
    1/5 de *amaretto*
    1 bola de sorvete de baunilha

Preparar na coqueteleira e servir em copo *old-fashioned*.

Peach Lady
    2/5 de licor de pêssego
    3/5 de creme de leite
    1 colher de creme de cacau

Preparar na coqueteleira e servir em copo *short drink*.

Pimm's[*] nº 1 – IBA
    1 dose de Pimm's nº 1
    club soda para completar

Preparar em copo *long drink* com gelo. Decorar com meia espiral de limão, meia fatia de laranja, um pedaço de pepino fresco, um ramo de hortelã. Servir com canudos.

Pink Pussy
    2/3 de Campari
    1/3 de *peach brandy*
    1 colher de clara de ovo
    soda limonada
    1 rodela de limão
    1 cereja
    1 fatia de pêssego

Preparar na coqueteleira e servir em copo *long drink*. Completar com soda limonada. Decorar com rodela de limão, cereja e fatia de pêssego.

---

[*] *Pimm's* foi criado inicialmente por um *barman* inglês. Pode ser encontrado em outras versões, como *Pimm's* nº 2 e nº 3.

Porto Flip – IBA
> 6/10 de vinho do Porto tinto
> 2/10 de *brandy*
> 2/10 de gema de ovo
> 1 lance de xarope de açúcar

Preparar na coqueteleira e servir em copo para vinho do Porto. Pulverizar noz-moscada.

Ritz Fizz
> 1 lance de *amaretto*
> 1 lance de suco de limão
> 1 lance de curaçau *blue*
> *champagne* gelado
> 1 pétala de rosa

Preparar no *mixing-glass* e servir em copo *old-fashioned*. Completar com *champagne*. Decorar com a pétala de rosa.

Rose – IBA
> 2/10 de *cherry brandy*
> 2/10 de *Kirsch*
> 6/10 de *vermouth* seco

Preparar no *mixing-glass* e servir em copo *short drink*. Decorar com uma cereja.

Ruby Shy
> 1/2 de Malibu
> 1/2 de suco de uva
> soda limonada
> 1 fatia de coco

Preparar e servir em copo *long drink* com gelo. Completar com soda limonada. Decorar com fatia de coco. Servir com canudos.

Shady Lady
> 1/4 de licor de melão
> 1/4 de tequila
> 3/4 de suco de *grapefruit*
> 2 cerejas

Preparar na coqueteleira e servir em copo *long drink* com gelo. Decorar com fatia de limão e cerejas. Servir com canudo.

Sherry Flip

> 2 doses de *sherry*
> 1 colher de açúcar
> 1 ovo
> noz-moscada em pó

Preparar na coqueteleira e servir em copo *short drink*. Salpicar noz-moscada.

Snowball – IBA

> 1 gota de xarope de lima
> 40 ml de licor de ovo

Preparar em copo *long drink* com gelo. Completar com soda limonada. Decorar com meia fatia de laranja e duas cerejas.

SOS

> 1/3 de *cherry brandy*
> 1/3 de vinho do Porto
> 1/3 de *whisky*
> 1/2 colher de açúcar

Preparar na coqueteleira e servir em copo *short drink*.

Splash

> 1/2 de vinho do Porto
> 1/2 de água tônica

Preparar e servir em copo *old-fashioned* com gelo. Decorar com rodela de limão.

Spritzer – IBA

> 4/10 de vinho branco
> 6/10 de *club soda*

Preparar em copo *long drink* com gelo. Decorar com uma fatia de limão.

Strega Flip

> 2/5 de licor Strega
> 2/5 de *cognac*
> 1/5 de suco de laranja
> 1 colher de suco de limão
> 1 colher de açúcar
> 1 gema de ovo

Preparar na coqueteleira e servir em copo *old-fashioned* com uma pitada de canela.

Summer Wizard
    1/5 de St. Remy
    1/5 de licor de pêssego
    3/5 de suco de laranja e cenoura
    1 colher de açúcar

Preparar na coqueteleira e servir em copo *long drink*. Completar com água mineral com gás.

Trio
    1/3 de *vermouth* doce
    1/3 de *vermouth* seco
    1/3 de *gin*

Preparar e servir em copo *short drink*. Decorar com casquinha de limão.

Velvet Hammer – IBA
    1 colher de creme de leite
    5/10 de licor de café
    5/10 de Cointreau

Preparar na coqueteleira e servir em copo *short drink*.

Cocktails e drinks sem álcool

Alice Cocktail
    1/4 de suco de laranja
    1/4 de creme de leite
    1/4 de suco de abacaxi
    1/4 de groselha

Preparar na coqueteleira e servir em copo *short drink*.

Boo Boo's Special
    1 lance de angostura
    1 lance de grenadine
    3/7 de suco de abacaxi
    3/7 de suco de laranja
    1/7 de suco de limão

Preparar na coqueteleira e servir em copo *long drink* com gelo. Completar com água. Decorar com abacaxi e cereja.

Evelyn
1/3 de creme de leite
1/3 de suco de abacaxi
1/3 de suco de laranja
gotas de grenadine

Preparar na coqueteleira e servir em taça de *champagne*. Pulverizar noz-moscada. Decorar com frutas.

Florida Cocktail – IBA
4/10 de suco de *grapefruit*
2/10 de suco de limão
2/10 de suco de laranja
2/10 de xarope de açúcar

Preparar na coqueteleira e servir em copo *long drink*. Completar com *club soda* e decorar com hortelã.

Lemonade
2/10 de suco de limão
2 colheres de açúcar
8/10 de água mineral
espiral de casca de limão
rodela de limão

Preparar na coqueteleira e servir em copo *old-fashioned* com gelo. Completar com água mineral. Decorar com a espiral e a rodela de limão. Servir com canudos.

Mickey Mouse
1 Coca-Cola
4 colheres de *chantilly*
1 bola de sorvete de creme
2 cerejas

Colocar a Coca-Cola em copo *long drink*. Acrescentar o sorvete. Pôr o *chantilly* em cima e decorar com as cerejas. Servir com canudos e uma colher de cabo longo.

Nursery Fizz
1/2 de suco de laranja
1/2 de guaraná
1 fatia de laranja
1 cereja

Preparar e servir em copo *long drink* com gelo. Decorar com a laranja e a cereja. Servir com canudos.

Pussy Foot – IBA
1/3 de suco de limão
1/3 de suco de laranja
1/3 de suco de lima
grenadine
1 gema de ovo

Preparar na coqueteleira e servir em copo *long drink*, com um lance de grenadine. Decorar com fatias de limão e laranja e uma cereja.

Rosy Pippin
1 lance de grenadine
1 lance de suco de limão
4 doses de suco de maçã
guaraná
fatia de maçã

Preparar no *mixing-glass*. Completar com o guaraná. Decorar com a fatia de maçã.

Shirley Temple – IBA
3/10 de *ginger ale*
1/10 de grenadine

Preparar em copo *long drink* com gelo. Completar com soda limonada e decorar com cereja.

Yogurt Fizz
2 colheres de iogurte
água com gás ou soda limonada
ramos de hortelã
2 fatias de pepino

Misturar o iogurte e a água com gás ou soda limonada em copo *long drink*. Adicionar sal e hortelã a gosto. Acrescentar os cubos de gelo e decorar com os raminhos de hortelã e o pepino.

Batidas de aguardente de cana/cachaça

PREPARAÇÃO E SERVIÇO DAS BATIDAS

A receita da batida – o mais famoso *drink* brasileiro – parece simples: à tradicional caninha, acrescentam-se sucos de frutas, açúcar, gelo, cremes e licores. Mas preparar uma boa batida tem seus segredos. O primeiro é prepará-la no liquidificador ou na coqueteleira, para que seus ingredientes se misturem melhor e mais facilmente. O ideal é usar os sucos de frutas frescas, da estação – embora os sucos industrializados sejam mais convenientes e não comprometam o resultado. Para garantir o sabor, a batida deve ser servida pouco tempo depois do preparo, já que muitas receitas utilizam sucos de frutas ácidas, leite condensado ou creme de leite, que não resistem ao tempo.

No momento de servir, o mais adequado é o copo *old-fashioned*, ou o de *long drink* quando a receita o pedir, transparente, que recebe a batida na medida certa. As receitas apresentadas aqui são para doses individuais (máximo 80 ml, gelo incluído).

É importante lembrar que a boa batida não tem hora nem lugar. É o tipo de *drink* obrigatório, principalmente entre estrangeiros, que sabem apreciar seu sabor especial e exótico, concorrendo com *cocktails* convencionais mesmo em hotéis e restaurantes de classe internacional.

A criatividade de quem faz, aliada à grande variedade de opções, produz batidas dos mais diversos sabores, para satisfazer todos os gostos. A mais popular continua sendo a batida de limão, amplamente utilizada como aperitivo para pratos típicos brasileiros.

Abelha-real
2/3 de aguardente de cana
1/3 de Campari
1 carambola
3 cerejas
1 colher de mel

Bater no liquidificador, coar, servir com gelo e decorar com fatia de carambola no palito dentro do copo.

Amarelinha
1/3 de aguardente de cana
2/3 de suco de limão
2 metades de pêssego em calda
1 e 1/2 colher de açúcar

Bater no liquidificador, coar e servir com gelo.

Amazonas-tropical
1/4 de aguardente de cana
1/4 de suco de melão
1/4 de abricó
1/4 de leite de coco

Bater no liquidificador, coar e servir com gelo.

Apaixonado
2/4 de aguardente de cana
1/4 de abricó
1/4 de suco de tangerina
gotas de curaçau *triple sec*

Bater na coqueteleira, coar e servir com gelo.

Aracaju
1/2 de aguardente de cana
1/2 de suco de caju
2 colheres de creme de leite
1 e 1/2 colher de açúcar

Bater no liquidificador e servir com gelo. Decorar com rodelas de caju maduro.

Arrastão
1/2 de aguardente de cana
1/2 de suco de uva

3 ameixas em calda
1 colher de açúcar

Bater no liquidificador, coar e servir com gelo.

Atlântico

3/8 de aguardente de cana
3/8 de suco de abacaxi
2/8 de curaçau *blue*

Bater na coqueteleira, servir com gelo e decorar com triângulos de abacaxi no palito dentro do copo.

Bacabá

1/4 de aguardente de cana
1/4 de creme de leite
2/4 de suco de uva
1 e 1/2 colher de açúcar

Bater no liquidificador e servir com gelo.

Balalaika

3/5 de aguardente de cana
2/5 de suco de uva
2 colheres de açúcar
1 colher de café solúvel
1 colher de gema de ovo

Bater no liquidificador e servir com gelo.

Barra-limpa

1/2 de aguardente de cana
1/2 de suco de pitanga
2 colheres de creme de leite
1 colher de açúcar

Bater no liquidificador e servir com gelo. Decorar com pitanga.

Bicada

2/3 de aguardente de cana
1/3 de suco de caju
2 figos em calda
1 colher de açúcar
1 colher de sopa de calda de figo

Bater no liquidificador, coar e servir com gelo.

Blitz

1/3 de aguardente de cana
1/3 de leite de coco
1/3 de creme de leite
1 colher de açúcar

Bater no liquidificador e servir com gelo.

Brasileirinho

2/4 de aguardente de cana
1/4 de café frio
1/4 de leite condensado
1 gema de ovo
1 colher de açúcar

Bater no liquidificador, coar e servir com gelo.

Cachimbo

2/4 de aguardente de cana
1/4 de suco de limão
1/4 de suco de caju
2 colheres de mel

Bater no liquidificador, coar e servir com gelo.

Cafona

2/4 de aguardente de cana
1/4 de suco de jabuticaba
1/4 de suco de uva
1 colher de açúcar

Bater no liquidificador, coar e servir com gelo.

Cai-cai

2/4 de aguardente de cana
1/4 de *gin*
1/4 de suco de laranja
20 g de morangos
1 metade de pêssego em calda
1 colher de açúcar

Bater no liquidificador, coar e servir com gelo.

Caiçara

1/3 de aguardente de cana
1/3 de suco de maracujá

1/3 de calda de pêssego
2 pêssegos em calda

Bater no liquidificador, coar e servir com gelo na casca de maracujá.

Caipirinha – IBA
1 dose de aguardente de cana
1/2 limão-taiti
2 colheres de açúcar

Cortar o limão em cubos ou rodelas tirando a parte central amarga. Colocar o limão em copo *old-fashioned* junto com o açúcar. Socar o limão e o açúcar com o socador apropriado até extrair todo o suco do limão. Acrescentar a aguardente de cana, as pedras de gelo, mexer e servir.

Observação

Este é o autêntico *drink* tipicamente brasileiro, muito apreciado tanto por brasileiros quanto por estrangeiros.

Capoeira
3/7 de aguardente de cana
2/7 de licor de cacau
2/7 de leite de coco

Bater na coqueteleira, coar e servir com gelo.

Cereja
2/3 de aguardente de cana
1/3 de calda de cereja
1 e 1/2 colher de leite condensado
5 cerejas

Bater no liquidificador, coar e servir com gelo. Decorar com *noisettes* de melão com cereja no palito dentro do copo.

Crioula
2/4 de aguardente de cana
1/4 de suco de abacaxi
1/4 de suco de pêssego
2 colheres de leite condensado

Bater no liquidificador, servir com gelo e pulverizar canela em pó.

Cupuaçu
2/3 de aguardente de cana

1/3 de suco de cupuaçu puro
2 colheres de açúcar

Bater no liquidificador e servir com gelo.

Curtição

3/6 de aguardente de cana
1/6 de suco de caju
1 maçã descascada
1/6 de creme de leite
1/6 de suco de limão
1 colher de açúcar

Bater no liquidificador, coar e servir com gelo.

Dedo-duro

3/8 de aguardente de cana
2/8 de Cointreau
1/8 de suco de caju
2/8 de suco de laranja
1 colher de açúcar

Bater na coqueteleira, coar e servir com gelo na casca de laranja.

Delícia-de-coco

1/2 de aguardente de cana
1/2 de leite de coco
2 colheres de gema de ovo
1 e 1/2 colher de açúcar

Bater no liquidificador, coar e servir com gelo.

Devagarinho

3/8 de aguardente de cana
1/8 de leite de coco
2/8 de suco de uva
2/8 de creme de leite
1 colher de açúcar

Bater no liquidificador, coar e servir com gelo.

Enganadora

1/3 de aguardente de cana
1/3 de *gin*
1/3 de suco de limão
2 figos em calda
1 colher de açúcar

Bater no liquidificador, coar e servir com gelo.

Engenho
    2/5 de aguardente de cana
    1/5 de suco de limão
    2/5 de melaço de cana

Bater no liquidificador, coar e servir com gelo.

Esmeralda
    3/6 de aguardente de cana
    1/6 de suco de limão
    2/6 de menta verde

Bater na coqueteleira, coar e servir com gelo e decorar com rodela de limão dentro do copo.

Espanhola
    2/6 de aguardente de cana
    2/6 de suco de melão
    1/6 de suco de abacaxi
    1/6 de suco de limão
    1 colher de açúcar

Bater no liquidificador e servir com gelo. Decorar com *noisettes* de melão e cubos de abacaxi no palito dentro do copo.

Fênix
    4/7 de aguardente de cana
    1/7 de suco de limão
    1/7 de mel de abelhas
    1/7 de água de flor de laranjeira

Bater no liquidificador, coar e servir com gelo.

Festiva
    1/3 de aguardente de cana
    1/3 de suco de goiaba
    1/3 de suco de manga
    1 colher de creme de leite
    1 colher de açúcar

Bater no liquidificador e servir com gelo.

Figo-amigo
    1/3 de aguardente de cana
    1/3 de *gin*
    1/3 de leite condensado
    2 figos em calda

Bater no liquidificador, coar e servir com gelo.

Foguete
- 3/4 de aguardente de cana
- 1/4 de *gin*
- 1 colher de chocolate em pó
- 1 colher de leite condensado

Bater no liquidificador e servir com gelo.

Forró
- 3/7 de aguardente de cana
- 2/7 de licor de cacau
- 2/7 de leite de coco
- gotas de baunilha

Bater no liquidificador e servir com gelo.

Gavetão
- 2/3 de aguardente de cana
- 1/3 de suco de caju
- 2 colheres de geleia de morango

Bater no liquidificador, coar e servir com gelo.

Gogó-da-ema
- 3/7 de aguardente de cana
- 2/7 de *gin*
- 30 g de pasta de amendoim
- 1 colher de leite condensado
- 2/7 de leite de coco

Bater no liquidificador, coar e servir com gelo.

Goiabão
- 1/3 de aguardente de cana
- 2/3 de suco de goiaba
- 1 e 1/2 colher de leite condensado

Bater no liquidificador e servir com gelo.

Graviola
- 2/4 de aguardente de cana
- 2/4 de suco de graviola
- 2 colheres de leite condensado

Bater no liquidificador e servir com gelo.

Guindaste

1/2 de aguardente de cana
1/2 de suco de maracujá
2 colheres de creme de amendoim
1 ovo de codorna
1 colher de açúcar

Bater no liquidificador, coar e servir com gelo.

Hawaiano

1/4 de aguardente de cana
1/4 de abricó
1/4 de *cherry brandy*
1/4 de suco de mamão

Bater no liquidificador e servir com gelo.

Iemanjá

2/7 de aguardente de cana
1/7 de suco de caju
2/7 de leite de coco
2/7 de água de coco
1 colher de açúcar

Bater no liquidificador e servir com gelo.

Inocente

2/4 de aguardente de cana
1/4 de suco de laranja
1/4 de suco de limão
1 colher de açúcar
1 colher de leite condensado

Bater no liquidificador, coar e servir com gelo.

Laranja-mecânica

1/4 de aguardente de cana
1/4 de abricó
1/4 de suco de laranja
1/4 de suco de limão
1 e 1/2 colher de açúcar

Bater no liquidificador e servir com gelo na casca de laranja.

Leite-de-macaca

1/3 de aguardente de cana
1/3 de leite de coco
1/3 de creme de leite
1 colher de açúcar
canela em pó

Bater no liquidificador, coar e servir com gelo. Pulverizar canela em pó.

Leite-de-onça

2/8 de aguardente de cana
2/8 de licor de cacau
3/8 de guaraná
1/8 de suco de caju

Bater no liquidificador e servir com gelo.

Limão

2/3 de aguardente de cana
1/3 de suco de limão
1 colher de açúcar

Bater na coqueteleira, coar e servir com gelo na casca da fruta.

Luar-do-sertão II

3/8 de aguardente de cana
2/8 de suco de manga
1/8 de *vermouth* branco doce
2/8 de curaçau *triple sec*

Bater no liquidificador e servir com gelo.

Maçã

2/5 de aguardente de cana
3/5 de suco de maçã
1 colher de leite condensado

Bater no liquidificador, coar e servir com gelo. Decorar com fatia de maçã verde.

Mancada

1/3 de aguardente de cana
2/3 de suco de manga
1 e 1/2 colher de leite condensado

Bater no liquidificador e servir com gelo.

Maracanã II
- 2/5 de aguardente de cana
- 2/5 de suco de abacaxi
- 1/5 de Cointreau
- 1 colher de açúcar

Bater na coqueteleira, coar e servir com gelo.

Maracujá
- 2/3 de aguardente de cana
- 1/3 de suco de maracujá
- 1 colher de açúcar
- 1 maracujá

Bater na coqueteleira, coar e servir com gelo na casca da fruta.

Melancolia
- 1/3 de aguardente de cana
- 1/3 de leite de coco
- 1/3 de suco de abacaxi
- 1 colher de açúcar

Bater na coqueteleira, coar e servir com gelo com triângulos de abacaxi dentro do copo.

Menina-moça
- 2/10 de aguardente de cana
- 4/10 de pêssegos em calda
- 4/10 de calda de pêssego

Bater no liquidificador e servir com gelo.

Mestiça
- 1/3 de aguardente de cana
- 1/3 de curaçau *triple sec*
- 1/3 de suco de tamarindo
- 1 colher de açúcar

Bater na coqueteleira, coar e servir com gelo.

Morango
- 1/2 de aguardente de cana
- 1/2 de suco de morango
- 1 colher de mel
- gotas de groselha

Bater no liquidificador e servir com gelo.

Moreninha

    3/5 de aguardente de cana
    2/5 de creme de leite
    1 colher de café solúvel
    1 colher de açúcar

Bater no liquidificador e servir com gelo.

Motor-de-arranque

    1/2 de aguardente de cana
    1/2 de suco de caju
    1 e 1/2 colher de leite condensado
    2 colheres de pasta de amendoim

Bater no liquidificador, coar e servir com gelo.

Nega-maluca

    2/6 de aguardente de cana
    3/6 de suco de uva
    1/6 de suco de limão
    2 colheres de açúcar

Bater na coqueteleira, coar e servir com gelo.

Noite-de-samba

    4/6 de aguardente de cana
    1/6 de rum
    1/6 de licor de cacau
    1 colher de creme de leite
    1 colher de açúcar

Bater no liquidificador, coar e servir com gelo.

Oito-de-março

    1/3 de aguardente de cana
    1/3 de suco de abacaxi
    1/3 de leite de coco
    gotas de groselha
    1 colher de açúcar

Bater na coqueteleira, coar e servir com gelo.

Para-ti

    2/3 de aguardente de cana
    1/3 de suco de maracujá
    100 g de morangos

2 metades de pêssego em calda
1 colher de açúcar

Bater no liquidificador, coar e servir com gelo.

Pororoca

1/3 de aguardente de cana
1/3 de suco de tomate
1/3 de calda de ameixa
gotas de suco de limão

Bater no liquidificador e servir com gelo, decorar com fatia de tomate no palito dentro do copo.

14-Bis

3/8 de aguardente de cana
1/8 de licor de cacau
2/8 de suco de manga
2/8 de suco de maçã
1 colher de açúcar

Bater no liquidificador e servir com gelo, decorar com cubos de maçã no palito dentro do copo.

Romeu-e-Julieta

2/4 de aguardente de cana
1/4 de leite de coco
1/4 de suco de beterraba
1 metade de pêssego em calda
1 colher de açúcar
1 colher de leite condensado

Bater no liquidificador, coar e servir com gelo.

Sergipana

2/6 de aguardente de cana
1/6 de abricó
2/6 de suco de abacaxi
1/6 de groselha

Bater na coqueteleira com gelo e servir.

Sertaneja

1/3 de aguardente de cana
1/3 de suco de laranja
1/3 de suco de limão

1 e 1/2 colher de açúcar

Bater na coqueteleira com gelo e servir na casca de laranja.

Sorriso

2/7 de aguardente de cana
2/7 de suco de melão
2/7 de calda de cereja
1/7 de curaçau *triple sec*

Bater no liquidificador, servir com gelo, decorar com *noisettes* de melão e cereja no palito dentro do copo.

Tamarindo

1/2 de aguardente de cana
1/2 de suco de tamarindo
2 colheres de açúcar

Bater na coqueteleira com gelo e servir.

Terremoto

2/4 de aguardente de cana
1/4 de suco de morango
1/4 de suco de abacaxi
1 colher de açúcar

Bater no liquidificador, coar e servir com gelo.

Tira-teima

3/7 de aguardente de cana
3/7 de creme de leite
1/7 de suco de tomate
1 colher de açúcar
gotas de suco de limão

Bater no liquidificador e servir com gelo.

Top-set

2/8 de aguardente de cana
2/8 de suco de caju
2/8 de suco de maracujá
1/8 de *whisky*
1/8 de rum
2 colheres de suco de limão
1 colher de açúcar

Bater no liquidificador, coar e servir com gelo.

Trombada
- 2/4 de aguardente de cana
- 1/4 de licor de pequi
- 1/4 de suco de laranja
- 1 colher de açúcar

Bater no liquidificador com gelo e servir.

Tropical
- 1/4 de aguardente de cana
- 1/4 de suco de maracujá
- 1/4 de licor de café
- 1/4 de suco de abacaxi

Bater no liquidificador e servir com gelo na casca do maracujá.

Up-to-you
- 2/4 de aguardente de cana
- 1/4 de suco de cenoura
- 1/4 de suco de laranja
- 2 colheres de açúcar

Bater na coqueteleira com gelo e servir.

Vendaval
- 1 dose de aguardente de cana
- 2 colheres de geleia de uva
- 1 colher de geleia de goiaba
- 1 colher de suco de limão
- 1 colher de leite condensado

Bater no liquidificador, coar e servir com gelo.

Véu-de-noiva
- 1/3 de aguardente de cana
- 1/3 de leite de coco
- 1/3 de *club soda*
- 1 colher de leite condensado

Bater no liquidificador e servir com gelo.

Zum-zum
- 4/10 de aguardente de cana
- 4/10 de suco de abacaxi
- 1/10 de suco de maracujá
- 1/10 de mel

Bater no liquidificador e servir com gelo na casca do maracujá.

Índice de bebidas

A

Abricotine	83
Absinto	58
Advocaat	83
Água de flor de laranjeira	93
Aguardente	59
Aguardiente	59
Aiguebelle	83
Akvavit, Aquavit, Acquavite	60
Aliziergeist	60
Allasch, Alasch	83
Amaretto	83
Amaro	79
Amêndoas	83
American whiskey	76
Amer Picon	79
Anesone	77
Angostura	47, 79
Anis	77
Anisado	77
Anisete	84
Apple brandy	60
Applejack	60
Apricot	84
Apricot brandy	60
Apry	84
Arak, Arrack, Arrak, Raki	60
Árdine	61
Armagnac	47, 61
Artichoke brandy	61
Asbach	61
Athol Brose	62
Aurum	84

B

Bagaceira	47, 62
Bailey's Irish cream	62
Banadry	84
B and B	84
Banyuls	55
Barack Pálinka	84
Bartzch	62
Basi	62
Basler Kirschwasser	62
Batavia-arrack	62
Batzi	62
Baunilha	93
Beerenburg	79
Bénédictine	47, 84
Birrh	93
Bitter	78
Blackberry Liqueur	85
Bombon Crema	85
Boonekamp's	79
Borovicka	63
Bourbon whiskey	76
Brandy	47, 63
Budu	85
Buzza	63

C

Cachaça	47, 63
Cachiri	85
Calisay	79
Calvados	47, 63
Campari	47, 80
Canadian whisky	76
Caperitif	93
Carpano	47, 92
Centerbe/Centerba	85
Certosa	85
Cerveja	48
Cesarela	85
Champagne	48, 51
Chartreuse	47, 85
Cherry brandy	86
Cherry Heering	86
China-Martini	80
Cidra	93
Cinzano	47, 92
Coacy	86
Cointreau	47, 86
Cognac	47, 64
Corenwijn	65
Corn whiskey	76
Creme de cacau	86
Creme de *cassis*	47, 86
Creme de menta	86
Creme de rosas	86
Creme de violeta	86
Creme *Yvette*	87
Cuarenta y Tres	87
Curaçau	87
Cynar	47, 92

D

Danziger Goldwasser	87

Dop brandy	65
Douzico	65
Drambuie	47, 87
Dubonnet	47, 92

E

Eau-de-vie	65
Edelweiss	87
Enzian	87

F

Falernum	93
Fernet	47, 80
Finlândia	65
Fior d'Alpi, Mille Fiori	88
Forbidden Fruit	88
Fraise	47, 65
Framboise	47, 65
Frangélico	88
Friesengeist	88

G

Galliano	88
Genebra	66
Gentiane	88
Gin	47, 66
Ginger brandy	66
Ginja	94
Glayva	47, 88
Glenfiddich	66
Grand Marnier	47, 88
Grappa	47, 66
Grenadine	94
Groselha	88

H

Half-on-Half	88
Hydromel	94

I

Irish Mist	89
Irish whiskey	75
Izarra	89

J

Jägermeister	80
Jamaica run	66
Jenever	66
Jerez	58
Jeropiga	94

K

Kabänes	89
Kahlua	89
Kava-Ava-Ava	94
Kirsch, Kirschwasser	47, 67
Kislav	67
Klarer	67
Korn	67
Kornbranntwein	67
Krupnik	67
Kummel	89

L

Lacrima Christi	55
Licor	81
Lillet	92
London Dry Gin	66, 67
Lochan Ora	47

M

Madeira	48, 55
Málaga	48, 56
Mandarine Napoléon	89
Marasquino	47, 89
Marc	47, 68
Marsala	48, 56
Martini	47, 92
Mastika	94
Metaxa	68
Mezcal	47, 68
Mirabelle	68
Mow Toy	68

N

Nocino	89
Noilly Prat	92

O

Okolehao, Oke	68
Old Ton Gin	66
Orgeat	94
Ouzo	47, 77

P

Parfait Amour	89
Pasha	89
Passion Fruit Liqueur	90
Pastis	47, 78
Peche	68
Pernod	47, 78
Péychaud	80
Pinga	47
Pimm's, Pimm's Cup	94
Pisco	47, 69
Poire	47, 69
Pomace, Pomace brandy	69
Pomme	47, 69
Porto	48, 56
Prunelle	69, 90
Pulque	69
Punt & Mes	47, 92

Q

Quetsch, Quetsche	70

R

Raki	70
Rosolio	90
Rossi	80
Rum, *Rhum* ou *Ron*	47, 70
Rum cubano	71
Rum da Jamaica	71
Rum da Martinica	71
Rum de Barbados	71
Rum de Porto Rico	71
Rum do Haiti	72
Rye whiskey	76

S

Sambuca	90
Sapindor	90
Saquê	54
Schnapps	72
Scotch whisky	75
Sherry	48, 58
Silvestro	90
Slivovitz	72
Sochou	72
Sorbino	90
Southern Comfort	90
St. Raphaël	47, 92
St. Remy	47, 93
Steinhäger	47, 72
Stonsdorfer	80
Strega	47, 90
Suze	80

T

Tennessee whiskey	76
Tequila	47, 72
Tiquira	73
Tia Maria	90
Triple sec	90
Tuíca	73

U

Underberg	47, 80

V

Van Der Hum	91
Vandermint	91
Vermouth	91
Vieille Curé	91
Vinho de mesa	54
Vinho fortificado	55
Vodka	47, 73

W

Whisky	47, 74

X

Xarope de açúcar	95
Xérèz	58

Z

Zubrowka	77

Índice de *cocktails* e batidas

A

Abelha-real	194
Acapulco	140
Aconcágua	104
Adonis	180
Affinity	104
Água-viva	161
Alabama	154
Alaska	128
Alexander – IBA	154
Alexander Sister	128
Aliance	128
Alice *Cocktail*	189
Alline	128
Alvorada	162
Amaralina	140
Amarelinha	194
Amazonas-tropical	194
À-média-luz	104
American Grog	171
Americano – IBA	180
American Royal	104
Amor-perfeito	117
Andaluzia	180
Angel Face	128
Antártico	104
Apaixonado	194
Apolo-IX	154
Apotheke ou *Corpse Reviver* – IBA	154
Aracaju	194
Arrastão	194
Astronauta	117
Atlântico	195

B

Bacabá	195
Bacará	140
Bacardi Cocktail – IBA	140
Balalaika	195
Bambola	104
Bamboo	180
Banana Bliss – IBA	154
Banana Cow	180
Banana Daiquiri – IBA	141
B and B – IBA	155
Bariloche	117
Barra-limpa	195
Beachcomber	141
Beijo-tropical	162
Belline – IBA	180
Bem-me-quer	181
Bennett	129
Bentley	181
Bethe	162
Between the Sheets	155
Bicada	195
Bitter Sweet	181
Black Devil	141

Black Hawk	105	**C**	
Black Lash	118	Cachimbo	196
Black Russian – IBA	118	Café Califórnia	172
Black Tie	129	Café Capri	172
Blenton	129	Café-de-inverno	172
Blitz	196	Café Flip	156
Block and Fall	155	Café Jerez	173
Bloody Mary – IBA	118	Café-parisiense	173
Blow-up Cocktail	155	Café-russo	173
Blue Gin	162	Café-vienense	174
Blue Lagoon – IBA	118	Cafona	196
Blue Moon	141	Cai-cai	196
Blue Sky	129	Caiçara	196
Bobby Burns	105	Caipirinha – IBA	197
Bolero	141	Caju-amigo	163
Bomba-A	141	Califórnia	105
Bombay	155	Calipso	163
Boneca-de-piche	171	Campeão	163
Boo Boo's Special	189	Canada Cocktail	119
Boston	162	Canadian Apple	106
Bourbon Mint Julep	105	Canadian Cocktail	106
Brandtini	155	Cancún	163
Brandy Alexander	156	Capoeira	197
Brandy Manhattan	156	Capricornio's	119
Brasil-tropical	163	Carisma	129
Brasileirinho	196	Carolina	119
Brazilian Coffee	172	Caruso	130
Bravinardi	142	Casa Branca	142
Bronx – IBA	129	Cash Baby	164
Brooklyn	105	Cassino	130
Brown Cow	181	Castor Coffee	174
Buck's Fizz, Mimosa – IBA	181	Caucasiano	119
Bull Shot – IBA	118	Cavaleiro-de-Virgínia	106
Bunny Bonanza	149	Center Especial	182
Bushranger	142	Cereja	197
Butterfly	181	Champagne Cocktail – IBA	182

Champagne Pick-me-up – IBA	156
Champisco	149
Champs Élysées	156
Chapala	150
Cherry Coffee	174
Chevrolet	156
Claridge	130
Clássico	130
Clover Club	130
Cocktail Alexandra	174
Cocktail de Champagne	164
Cocktail de Maracujá	182
Cocktail de Tequila	150
Colibri	106
Collins B and B	157
Colombo	106
Colúmbia	164
Combo	182
Comodoro	107
Continental	142
Cooler de Café	175
Cores-de-verão	164
Corkscrew	142
Corpse Reviver – IBA	154
Costa-Caribe	119
Côte d'Azur	164
Cravo & Canela	120
Crioula	197
Crioulo	165
Cristal	150
Croton	107
Cuba-libre	142
Cubana	143
Cupuaçu	197
Curtição	198
Czarina	120

D

Dacon	120
Daiquiri – IBA	143
Danuza	150
Dark Moon	120
Davana	165
Dedo-duro	198
Delícia-de-coco	198
Demetrius	107
Denny	157
Derby	130
Derik	143
Devagarinho	198
Devil's Tail	143
Diabo-azul	131
Dilany	120
Discotheque	157
Dragão-verde	131
Dry Cold	157
Dry Manhattan	110
Dry Martini	134
Dubonnet Cocktail	131
Dundee	131

E

East India	157
Egg-Nog – IBA	157
El Matador	150
El Presidente	143
Enganadora	198
Enseada	165
Engenho	199
Enrico C	120
Entardecer	144
Eris Cocktail	121
Esmeralda	199
Espanhola	199

Estrela-dourada	158	*Gin and French* – IBA	132
Evelyn	190	*Ginandit* – IBA	132
		Gin Fizz – IBA	132
F		*Gin Sour*	133
Fantástico	165	*Gin*-tônica	133
Far West	107	*Gipsy*	121
Favorito-de-Beth	165	*Glasgow*	108
Feitiço-de-mulata	175	*Godfather* – IBA	108
Fênix	199	*Godmother* – IBA	122
Festiva	199	Gogó-da-ema	200
Figo-amigo	199	Goiabão	200
Filipe II	107	*Golden*	108
Flor-de-amêndoa	107	*Golden Cadillac* – IBA	183
Florida Cocktail – IBA	190	*Golden Dream* – IBA	183
Flyng Dutchman	131	*Golden Fizz*	133
Foggy Day	131	*Golden Peach*	166
Foguete	200	*Gold Passion*	183
Forró	200	Granada	144
Fragata	144	*Grand Canyon*	108
Franciscano	121	*Grand Slam*	133
French Connection – IBA	158	*Granville*	133
French Egg-Nog	175	*Grasshopper* – IBA	183
Froupe	158	Graviola	200
Frozen Daiquiri – IBA	144	*Green Demon*	183
Fruto-do-amor	165	*Green Flower*	122
Funchal	166	*Grog* de Paris	175
Fundo-de-quintal	121	*Grog* de Rum ou *Cognac*	175
		Grog Egg-Nog	176
G		Guindaste	201
Gabriela	121		
Garibaldi – IBA	182	**H**	
Gauguin	144	Harmonia	184
Gavetão	200	*Harvard*	158
Genoa	132	*Harvey Wallbanger* – IBA	122
Geronimo Punch	166	Hawaiano	201
Gibson – IBA	132	H Bomb	158
Gimlet – IBA	132	*Hollywood*	158

Honey Grog	176	*Leeward*	145
Horizonte	133	Leite-de-macaca	202
Horse's Neck – IBA	159	Leite-de-onça	202
Hot Night	108	*Leman*	145
Hummer	184	*Lemonade*	190
Hurricane	145	Limão	202
		London	166
		Looping	109

I

Iceberg	134	*Love*	122
Iemanjá	201	Luar-do-sertão I	167
Inocente	201	Luar-do-sertão II	202
Ipiranga	134		

M

Irish Coffee – IBA	176		
Italian Sun	184	*Mabelle*	167
Italiano	184	*Mac Laughland*	109
Itamarati	134	Maçã	202
		Madeira	167

J

		Madonna	134
Jack Cool	108	*Mai Tai* – IBA	145
Jangada	159	*Mai Tai II*	167
Jangal Cocktail	166	*Malibu Beach*	167
Jonka Parcurssky	176	Mancada	202
Julep de Café	176	*Mandau*	134
		Mango Bellini	185

K

		Manhasset	109
Kentucky	108	*Manhattan*	110
King Alfonso	184	*Manhattan* – IBA	109
Kir – IBA	184	Marabá	185
Kir Imperial	185	Maracanã I	168
Kir Royal – IBA	185	Maracanã II	203
Kojak	109	Maracujá	203
Kretchna	122	Marambaia	110
		Margarita – IBA	151

L

		Marquês-de-Pombal	159
L'Amour	159	*Martini* – IBA	134
Laranja-mecânica	201	*Maruska*	110
Latino Drink	151	*Mary Joe Coffee*	177

Mary Pickford	145	Nevisn's	111
Matinée	135	New World	111
Mattequila	151	New Yorker	111
Mazagran	177	New York Sour	111
Medium ou Perfect Manhattan	110	Nicasso	112
Medium ou Perfect Martini	135	Nicolete	122
Meia-de-seda	135	Night Shade	112
Melancolia	203	Noite-de-Paris	159
Melba Coffee	177	Noite-de-samba	204
Melon Sour	185	Nursery Fizz	191
Menina-moça	203	Nuvem-azul	168
Menta Frappé	185		
Mestiça	203	**O**	
Mexico Itch	151	Oceano	123
Michel	110	Oito-de-março	204
Mickey Mouse	190	Old-Fashioned – IBA	112
Milica	145	Old Pal	112
Mimosa – IBA	181	Olido	112
Mint Collins	135	Ópera	113
Mint Tequila	151	Orange Blossom	136
Minuano	168	Oriental	113
Miss-Amazonas	168	Original	123
Mississippi	111	Ouro-preto	178
Monet	185		
Monkey Gland	136	**P**	
Morango	203	Pancho Villa	152
Mordida-de-amor	136	Paradise – IBA	136
Moreninha	204	Paraíso-tropical	168
Motor-de-arranque	204	Para-ti	204
		Paraty	169
N		Parisian	136
Namoro	186	Patropi	169
Naterbury	159	Peach Blossom	186
Nega-maluca	204	Peach Daiquiri	146
Negroni – IBA	136	Peach Lady	186
Nelson's Team	136	Peach of Love	169
Neptuno	151	Penélope	113

Perfect Manhattan	110
Perfect Martini	135
Pérola	113
Picasso	160
Pimm's nº 1 – IBA	186
Piña Colada – IBA	146
Pink Creole	146
Pink Lady	137
Pink Pussy	186
Pisco Sour	152
Planter's Punch – IBA	146
Polinésia	147
Pororoca	205
Porto Flip – IBA	187
Porto-santo	169
Pousse-Café	169
Prado	152
Prince Edward	113
Princeton	137
Pussy Foot – IBA	191

Q

14-Bis	205
Quebec	113
Quentão Brasileiro	178

R

Record	114
Red	114
Red Fizz	114
Red Russian	123
Regent	160
Revolution	160
Ritz Fizz	187
Riviera	114
Rob Roy – IBA	114
Robin Hood	170
Rock Banana	178
Rolls-Royce	137
Romeu-e-Julieta	205
Rosas-de-ouro	123
Rose – IBA	187
Roses to Lady	137
Rosy Pippin	191
Rosso Verano	123
Rubin	115
Ruby Shy	187
Rum *Alexander*	147
Rum *Fizz*	147
Rum *Martini*	147
Russian Bear	123
Rusty Nail – IBA	115

S

Saci-manhoso	178
Sade	147
Salty Dog – IBA	124
Sandra	160
San Sebastian	137
Saratoga	115
Scaramouche	124
Screwdriver – IBA	124
Sea Board	115
Sea Star	170
Sergipana	205
Sergipe-tropical	170
Sermar	115
Sertaneja	205
Sevilla	137
Shady Lady	187
Shava	138
Sherry Flip	188
Shirley Temple – IBA	191
Sidecar – IBA	160

Silk Stockings	152	Tavern Cocktail	171
Silver Fizz	138	Tequila Fizz	153
Silver Streak	138	Tequila Old-fashioned	153
Singapore Sling – IBA	138	Tequila Sunrise – IBA	153
Singapore Sling II	170	Tequini – IBA	154
Sky Club	115	Terra-de-Santa-Cruz	171
Slims	170	Terremoto	206
Sloppy Joe	116	The Shoot	116
Small Times	124	Tira-teima	206
Snowball – IBA	188	Tom Collins	139
Society	160	Top-set	206
Soft Kiss	138	Toronto	125
Sol-de-verão	124	Tovarich	125
Sol-nascente-de-café	179	Tradewinds	148
Sombrero	124	Trinity	125
Sorriso	206	Trio	189
SOS	188	Trombada	207
Splash	188	Tropical	207
Spritzer – IBA	188	Tropical Fizz	148
Stardust	138	Turin Coffee	179
Stinger – IBA	161		
Stony Brook	116	**U**	
Strawberry Daiquiri – IBA	148	Uncle Sam	116
Strawberry Dawn	139	Up-to-you	207
Strega Flip	188	**V**	
Strega Sour	139		
Summer	125	Velvet Hammer – IBA	189
Summer Wizard	189	Vendaval	207
Sunset	153	Verano	125
Surf Rider	125	Verdemar	126
Sweet Martini	135	Verlane	149
		Véu-de-noiva	207
T		Via Veneto	161
Tahiti	148	Vicky	149
Tamarindo	206	Viking	126
Tango	139	Violeta Cocktail	126
Tarde-de-verão	148	Vodka Collins	126

Vodka Fizz	126	*White Spider* – IBA	128
Vodka Martini	127	*Windsor*	117
Vodka Negroni	127	*Woodstock*	140
Vodka Sour	127		
Vodkatini – IBA	127	**X**	
Volga-Volga	127	*Xanadu*	161

W

		Y	
Whisky Cobbler	116	*Yankee Coffee*	179
Whisky Sour – IBA	117	*Yogurt Fizz*	191
Whisky Stinger	117		
Whisper	149	**Z**	
White Lady – IBA	139	*Zaratustra Flip*	161
White Rose	140	Zum-zum	207
White Russian – IBA	127		

Referências bibliográficas

CASSONE, Luigi. *Manual internacional do barman e de boas maneiras*. São Paulo: Nova Época, 1986.
> Trata-se de um livro interessante, para profissionais da área e outras pessoas interessadas no assunto, que contém um bom receituário de *cocktails* e algumas receitas de cozinha.

DAGOURET, P. *Le barman universel*. Paris: Flammarion, 1948.
> É um guia básico para os *barmen* e *maîtres*, que trata principalmente das bebidas de bar e dos *cocktails*. Aborda também, embora de maneira simplificada, os diversos aspectos dos vinhos, como classificação e marcas internacionais.

GUIA DAS PROFISSÕES HOTELEIRAS – RESTAURANTE. São Paulo: OIT/Senac de São Paulo, 1980.
> Consiste num manual que pode servir de referência para todos os profissionais ligados à área de restaurantes, bares e similares. Aborda as ocupações e as tarefas de cada atividade com informações pesquisadas no mercado.

JACKSON, Michael. *Guia internacional do bar*. São Paulo: Abril Cultural, 1980.
> É um guia completo de bebidas de bar e *cocktails*. Descreve a origem, a composição e o teor alcoólico da maioria das bebidas de bar.

JUNQUEIRA, L. *O livro de ouro de coquetéis, aperitivos e bebidas*. Rio de Janeiro: Tecnoprint, s.d.
> É basicamente um receituário de *cocktails* e algumas curiosidades sobre as bebidas.

LICHINE, Alexis. *Encyclopédie des vins & des alcools*. Paris: Robert Laffont, 1982.
> É um guia completo de uso obrigatório para todas as pessoas que estudam bebidas de maneira geral. Muito conceituado em todo o mundo, trata com bastante profundidade de todas as bebidas alcoólicas, principalmente as de origem europeia.

PACHECO, Aristides de Oliveira. *Manual do maître d'hôtel*. São Paulo: Editora Senac São Paulo, 1995.
> É um manual completo de muita utilidade aos *maîtres* e a todos os profissionais ligados aos hotéis, bares e restaurantes. Aborda os principais conhecimentos que o *maître* deve possuir desde o serviço de sala e bar até os vinhos e as bases da cozinha.

_____. *Iniciação à enologia*. São Paulo: Editora Senac São Paulo, 1995.

Trata-se de um guia básico que aborda os principais conhecimentos sobre o vinho tanto para iniciantes como para profissionais da área de hotéis e restaurantes.

SOUZA, Derivan Ferreira de. *Coquetel bar*. São Paulo: Impressão própria, 1993.

É um livro de uso obrigatório para os profissionais do bar. Contém um bom receituário de *cocktails* e outras informações importantes para a profissão de *barman*.

Índice geral

B

Bar (O)	23
Apresentação geral	38
Aspecto promocional	38
Bebidas	30
Caracterização	24
Cliente (O)	34
Condimentos e gêneros alimentícios	29
Controle	39
Diversos	30
Equipamentos	28
Fita de controle de doses de bebidas alcoólicas	40
Elaboração	40
Finalidades	40
Método de elaboração	40
Histórico	23
Itens a observar para a efetivação do controle	39
Mise-en-place	33
Sugestões de promoção interna para bares e restaurantes	37
Técnicas de venda de bebidas	35
Tipos de bar	24
American bar	24
Bar privé	26
Bares especializados	26
Boite	25
Executive bar	25
Piano bar	25
Singles bar	25
Snack bar	25

Wine bar	25
Utensílios	26
Vendas (As)	35
Batidas de aguardente de cana/cachaça	193
Preparação e serviço das batidas	193
Bebidas alcoólicas (As)	45
Bebidas compostas ou por infusão (As)	77
Anisado	77
Tipos de anisado	77
Bitter	78
Tipos de *bitter*	79
Licor	81
Tipos de licor	83
Vermouth	91
Tipos de *vermouth*	92
Bebidas destiladas (As)	58
Absinto	58
Aguardente	59
Aguardiente	59
Akvavit, Aquavit, Acquavite	60
Aliziergeist	60
Apple brandy	60
Applejack	60
Apricot brandy	60
Arak, Arrack, Arrak, Raki	60
Árdine	61
Armagnac	61
Artichoke brandy	61
Asbach	61
Athol Brose	62
Bagaceira	62
Bailey's Irish cream	62
Bartzch	62
Basi	62
Basler Kirschwasser	62
Batavia-arrack	62
Batzi	62

Borovicka	63
Brandy	63
Buzza	63
Cachaça	63
Calvados	63
Cognac	64
Corenwijn	65
Dop brandy	65
Douzico	65
Eau-de-vie	65
Finlândia	65
Fraise	65
Framboise	65
Gin	66
Ginger brandy	66
Glenfiddich	66
Grappa	66
Jamaica run	66
Jenever	66
Kirsch, Kirschwasser	67
Kislav	67
Klarer	67
Korn	67
Kornbranntwein	67
Krupnik	67
London Dry Gin	67
Marc	68
Metaxa	68
Mezcal	68
Mirabelle	68
Mow Toy	68
Okolehao, Oke	68
Peche	68
Pisco	69
Poire	69
Pomace, Pomace brandy	69
Pomme	69

Prunelle	69
Pulque	69
Quetsch, Quetsche	70
Raki	70
Rum, *Rhum* ou *Ron*	70
Tipos de rum	71
Schnapps	72
Slivovitz	72
Sochou	72
Steinhäger	72
Tequila	72
Tiquira	73
Tuíca	73
Vodka	73
Whisky	74
American whiskey	76
Canadian whisky	76
Irish whiskey	75
Scotch whisky	75
Zubrowka	77
Bebidas diversas	93
Água de flor de laranjeira	93
Baunilha	93
Birrh	93
Caperitif	93
Cidra	93
Falernum	93
Ginja	94
Grenadine	94
Hydromel	94
Jeropiga	94
Kava-Ava-Ava	94
Mastika	94
Orgeat	94
Pimm's, Pimm's Cup	94
Xarope de açúcar	95

Bebidas fermentadas (As)	48
Cerveja	48
Fabricação da cerveja	50
Champagne	51
Método *champenoise*	52
Método *charmat*	53
Método *asti*	53
Saquê	54
Vinho de mesa	54
Vinho fortificado	55
Tipos de vinho fortificado	55
Processos de fabricação	45
Destilação	45
Fermentação	45
Infusão – bebidas compostas	46

C

Cocktails (Os) – receituário internacional	97
Classificação	98
Categorias de *cocktails* (de acordo com a dosagem e a temperatura das bebidas)	98
Finalidades dos *cocktails*	99
Grupos de *cocktails* (de acordo com suas características)	100
Modalidades de *cocktails* (de acordo com o método de preparação e os utensílios utilizados)	99
Dicas para preparar um *cocktail*	102
Histórico	97
Orientações sobre o receituário dos *cocktails*	103
Receituário internacional dos *cocktails*	104
Cocktails à base de café e *grog*	171
Cocktails à base de *cognac/brandy*	154
Cocktails à base de *gin*	128
Cocktails à base de rum	140
Cocktails à base de tequila e pisco	149
Cocktails à base de *vodka*	117
Cocktails à base de *whisky*	104
Cocktails e *drinks* sem álcool	189

Cocktails tropicais	161
Cocktails variados	180

F

Funções e conhecimentos do *barman*, cargos e tarefas	11
Cargos e tarefas da brigada do bar	16
Barman	18
Chefe de bar	16
Commis de bar	20
Garçom de bar	19
Funções de administração	14
Funções específicas	15
Principais conhecimentos	12
Quem é o *barman*	11

I

Índice de bebidas	209
Índice de *cocktails* e batidas	213

R

Referências bibliográficas	223

MISTO
Papel produzido a partir
de fontes responsáveis
FSC® C122682